Fach-
buch
Klett-Cotta

Udo Baer

Mit Kindern über Krieg reden

Erste Hilfe für schwierige Gespräche

Klett-Cotta

MIX
Papier | Fördert gute Waldnutzung
FSC® C083411

Dieses Werk wurde vermittelt durch Aenne Glienke/Agentur für Autoren und Verlage, http://www.aenneglienkeagentur.de

1. Auflage, 2022
Klett-Cotta
www.klett-cotta.de

Cover: Bettina Hermann, Stuttgart,
unter Verwendung einer Abbildung von FatCamera/iStock by Getty Images
Gesetzt von Eberl & Koesel Studio, Altusried-Krugzell
Gedruckt und gebunden von CPI – Clausen & Bosse, Leck
ISBN 978-3-608-98683-9
E-Book ISBN 978-3-608-11970-1
PDF-E-Book ISBN 978-3-608-20602-9

Bibliografische Information der Deutschen Nationalbibliothek
Die Deutsche Nationalbibliothek verzeichnet diese Publikation in der Deutschen Nationalbibliografie; detaillierte bibliografische Daten sind im Internet über http://dnb.d-nb.de abrufbar.

Inhalt

1 Vorbemerkung ... 9

2 Warum sollen wir mit Kindern über Krieg reden? ... 12

2.1 »Mama, warum weint die Frau?« – Was Kinder alles mitbekommen ... 12

2.2 »Papa, was ist Krieg?« – Nur darüber sprechen, wenn Kinder danach fragen? ... 15

2.3 »Der hat es mir einfach weggenommen« – Kindliche Konflikte und Krieg ... 17

Fragen zur Reflexion ... 20

3 Angst, Zorn und Traurigkeit – Kinder und ihre Gefühle ... 21

3.1 »Ich verstehe, dass du dich fürchtest« – Angst ernst nehmen und Schutz bieten ... 21

3.2 »Mama, kann ich mitkommen?« – Klammern und die Sehnsucht nach Geborgenheit ... 26

3.3 »Die nehmen das nicht ernst« – Heiliger Zorn und aggressive Gefühle ... 29

3.4 »Genau wie damals« – Wie herauskommen aus Ohnmacht und Hilflosigkeit? ... 32

3.5 »Weine ruhig ...« – Der Sinn vom Traurigsein ... 34

3.6 »Du bist nicht schuld!« – Kindern die Schuldgefühle nehmen ... 35

3.7 »Das ist doch nur ein Film« – Vom Wert des Mitgefühls ... 38

Fragen zur Reflexion ... 41

4 Mit Kindern in verschiedenen Altersstufen reden 42

4.1 »Wann ist mein Kind noch zu klein?« – In den ersten beiden Lebensjahren 42

4.2 »Warum schießen die?« – Im Kita-Alter 44

4.3 »Wer will darüber reden?« – Im Grundschulalter 48

4.4 »Was beunruhigt dich?« – Kinder ab elf Jahre 53

Fragen zur Reflexion 56

5 Sich Zeit nehmen – Wo man wie mit Kindern reden kann 57

5.1 »Ich will jetzt kuscheln« – Im Elternhaus 57

5.2 »Ich war zuerst hier« – In der Kita 60

5.3 »Heute wieder Ukraine-Pause?« – In der Schule 61

Fragen zur Reflexion 63

6 Die Weisheit der Kinder 64

Fragen zur Reflexion 69

7 Vom Umgang mit den eigenen Gefühlen 70

7.1 »Was, wenn der Krieg zu uns kommt?« – Eigene Ängste 70

7.2 »Ich fürchte mich doch selbst so« – Wenn die eigene Angst zu groß ist 73

7.3 »Oma, was ist denn los?« – Die Ängste der Großeltern 76

Fragen zur Reflexion 80

8 »Ich schieß dich tot!« – Wenn Kinder Krieg spielen 81

Fragen zur Reflexion 87

9 »Wer sind die Guten, wer die Bösen?« – Kinder verlangen nach Parteilichkeit 88

Fragen zur Reflexion 92

10 Was müssen traumatisierte Kinder durchmachen? 93
10.1 »Aus der Welt gefallen« – Trauma, Traumafolgen, Co-Traumatisierung 93
10.2 »Niemals geht man so ganz« – Was brauchen Kinder, die vor dem Krieg flüchten mussten? 100
10.3 »Wie damals in Afghanistan« – Wenn ein Kind durch Kriegsbilder retraumatisiert wird 107
10.4 »Kreative Stärkungsgruppen« – Lücken im Hilfesystem schließen 110
Fragen zur Reflexion 113

11 »Egal, wo Du herkommst« – Kein Kind hat den Krieg befohlen 114
Fragen zur Reflexion 118

12 »Gegen Ohnmacht hilft machen« – Wenn Reden nicht reicht 119
Fragen zur Reflexion 123

13 »Würdigen, was ist« – Wie wir trösten können 124
Fragen zur Reflexion 129

14 »Manches bleibt unerklärlich« – Das Unfassbare und die Hoffnung 130

15 Materialien und Hinweise 131

KAPITEL 1

Vorbemerkung

Was mich veranlasste, dieses Buch zu verfassen, war die große Verunsicherung vieler Eltern und pädagogischer Fachkräfte, wie sie mit Kindern und Jugendlichen über den Ukraine-Krieg sprechen könnten. Viele Erwachsene waren und sind durch den Krieg selbst verunsichert und ängstlich, und sie hören die ausgesprochenen und die unausgesprochenen Fragen der Kinder und Jugendlichen. In vielen Vorträgen und Diskussionen habe ich mit Eltern und Großeltern, mit Erzieherinnen und Erziehern in Kitas und mit Lehrerinnen und Lehrern in Schulen gesprochen und versucht, sie zu unterstützen. Diese Erfahrungen sind der Hintergrund dieses Buches.

Die Verunsicherung war auch deshalb so groß, weil der Ukraine-Krieg zusätzliche Belastungen für Kinder und Jugendliche hervorrief. Er begann nach zwei Jahren Pandemie, die schon viele soziale und seelische Auswirkungen auf Kinder und Jugendliche und ihre Familien bewirkt hatte. Andere Probleme und Bedrohungen wie die Klimakatastrophe kamen und kommen hinzu und beschäftigen die Menschen, junge wie alte. Die Folgen des Krieges in der Ukraine auf hier lebende Menschen sind vielleicht deshalb so intensiv. Sie sind nachhaltig und werden bei vielen Kindern und Jugendlichen nicht mit dem Ende des Krieges aufhören. Wie mit Kindern über Krieg geredet werden kann, wird eine Herausforderung bleiben, auch für die nächsten Monate und Jahre.

Es gibt und wird leider immer wieder auch andere Kriegsereignisse geben. Dieses Buch habe ich während des Ukraine-Krieges geschrieben. Deshalb beziehe ich mich in den Beispielen auf dieses Kriegsgeschehen. Ich gehe aber auch darüber hinaus. Ich möchte eine praxisnahe Hilfestellung geben, wie mit Kindern über Krieg geredet werden kann, jetzt und in der Zukunft, und ich möchte Möglichkeiten aufzeigen, über das Reden hinaus die Gefühle der Kinder und Jugendlichen ernst zu nehmen und zu unterstützen.

Über den Krieg zu reden, ist schwierig. Die meisten Kinder haben keine Kriegserfahrung und keine wirkliche Vorstellung von Krieg. Selbst wenn die älteren Kinder kriegsähnliche Kämpfe in Filmen oder Computerspielen mitbekommen haben, wissen sie doch, dass das Filme und Spiele sind und nicht die Wirklichkeit. Wenn kleinere Kinder Bilder vom Krieg und von den Kriegsfolgen sehen, erschrecken sie oft, und es macht ihnen Angst. Auch für die Älteren können die hervorgerufenen Gefühle massiv sein. Krieg ist ihnen also fern und nahe zugleich. Das bedarf besonderer Würdigung, zumal auch wir Erwachsene in unseren Gefühlen betroffen sind. Wir dürfen die Kinder mit den seelischen Kriegsfolgen nicht allein lassen, ganz gleich, in welcher Funktion und an welchen Orten wir sie begleiten: im Familienalltag, in der Kita, in der Schule, in der Jugendhilfe.

Mit Kindern und Jugendlichen über Krieg zu reden, geht über den Austausch von Worten hinaus. Wichtig sind mir hierbei vor allem vier Aspekte:

- Erstens sind immer, wenn es um Krieg geht, auch Gefühle beteiligt: Angst und Zorn, Hilflosigkeit und Trauer und viele andere mehr. Deshalb werde ich, noch bevor ich Gesprächsformen und -settings beschreibe, auf die Gefühle eingehen, die im Reden über Krieg und Frieden mit Kindern und Jugendlichen besondere Bedeutung haben. Reden beschränkt sich nicht auf den Austausch von Worten, es ist auch eine Begegnung der Herzen.
- Zweitens verschieben sich in der öffentlichen Darstellung und Wahrnehmung die Schwerpunkte und Interessen. Am Anfang des Ukraine-Krieges standen Fragen im Vordergrund wie: Was ist Krieg? Warum gibt es Krieg? usw. In dem Maße, in dem immer mehr Menschen aus der Ukraine in den Westen kamen, in der Mehrzahl Kinder, verschob sich das Interesse hin zu Fragen der Fluchtbewegungen und der Flüchtlingshilfe. Ich versuche, auf

möglichst viele der unterschiedlichen Aspekte einzugehen und Anregungen zum Umgang damit zu geben.

- Drittens werden viele Menschen, Erwachsene wie Kinder, durch Kriege und Kriegsfolgen traumatisiert. Kriegstraumatisierte Kinder aus der Ukraine begegnen traumatisierten Kindern aus Syrien oder Afghanistan, und sie treffen auf traumatisierte und nichttraumatisierte Kinder aus München oder Osnabrück. Manche Kinder können durch Bilder und Erzählungen von Kriegserfahrungen wieder traumatisiert werden. Deshalb werde ich immer wieder auch darauf eingehen, wie traumatische Erfahrungen und Retraumatisierungen bei Kindern zu erkennen sind und wie Erwachsene damit umgehen können und sollten.
- Viertens geht es nicht nur um die Kinder, wenn wir mit ihnen über Krieg und die Kriegsfolgen reden. Auch wir Erwachsene sind beteiligt, nicht nur mit unserem Wissen, sondern auch mit unserem Herzen, mit unseren Unsicherheiten, Ängsten und anderen Gefühlen. Auch darauf gehe ich ein.

Das Buch richtet sich sowohl an interessierte Eltern als auch an alle Fachkräfte, die Kinder begleiten, ob in Schule oder Kita, Jugendhilfe oder Sozialarbeit oder in anderen Bereichen. Momentaufnahmen aus meinem beruflichen Alltag, vor allem aus zahlreichen Begegnungen mit Kindern und Jugendlichen, Bezugspersonen und Fachkräften, habe ich in Form von Fallvignetten in das Buch einfließen lassen. Dabei wurden selbstverständlich alle Namen anonymisiert.

Wenn Sie Fragen haben, die in diesem Buch nicht beantwortet werden, oder Kritik üben oder Wünsche an mich äußern wollen, dann lade ich Sie ein, mir zu schreiben. Dies geht am leichtesten über die Webseite www.kinderwuerde-udo-baer.de.

Udo Baer, April 2022

KAPITEL 2

Warum sollen wir mit Kindern über Krieg reden?

Bevor ich darauf eingehe, wie wir mit Kindern über Krieg reden sollten, ist es wichtig, sich darüber klar zu werden, warum wir das tun sollten und welche Absichten wir damit verfolgen.

2.1 »Mama, warum weint die Frau?« – Was Kinder alles mitbekommen

Kinder und Jugendliche bekommen von Kriegen zumeist viel mehr mit, als Erwachsene wahrnehmen oder auch nur vermuten.

> Die fünfjährige Clara[1] hat auf dem Couchtisch die Tageszeitung gesehen. Auf der Titelseite ist das Bild einer weinenden Frau abgebildet, die geschockt nach einem Bombeneinschlag vor ihrem zerstörten Haus steht. Clara fragt ihre Mutter: »Mama, warum weint die Frau?«

Bilder haben eine große Wirkung auf Kinder. Sie setzen sich in ihnen fest. Nach Wochen oder Monaten können sie sich abschwächen, aber zunächst einmal erschrecken sie die Kinder oder berühren sie in ihren Gefühlen. Dass Kinder solche Bilder sehen, kann man versuchen einzuschränken, aber es ganz zu verhindern, ist oft unmöglich, will man nicht die Lebenswelt der Kinder massiv einengen.

1 Alle Namen wurden geändert, um die Anonymität der Personen zu gewährleisten.

Der 14-jährige Aron wirkt seit einigen Tagen verstört. Er isst weniger als zuvor und redet nicht. Dafür sitzt Aron sehr viel am Computer und surft. Er ist erschrocken über den Krieg in der Ukraine und will alles darüber wissen. In seiner Schule wird viel darüber gesprochen. Die Eltern denken, er würde am Computer spielen. Doch das tritt zurzeit in den Hintergrund. Er ist fast süchtig nach den neuesten Nachrichten.

Sobald Kinder ein Smartphone oder einen Computer mit Internetzugang haben, erreichen Kriege und Kriegsbilder die Kinderzimmer und Schulhöfe. Das, was sie dort erfahren, hören und sehen, hat Auswirkungen. Vor allem dann, wenn Kinder wie Aron nicht über ihre Eindrücke mit Erwachsenen, denen sie vertrauen, reden können.

Der 11-jährige Marc hat keinen Internetzugang, aber ein Handy, damit er seine Eltern erreichen kann, wenn er unterwegs ist, wenn er aus der Schule abgeholt werden soll oder sich bei Freunden aufhält. In der Pause zeigt ihm ein Mitschüler ein Foto auf dessen Smartphone mit den Worten: »Guck mal, ist das nicht krass?« Das Foto zeigt Menschen, die sich in einem ukrainischen Dorf Panzern entgegenstellen, ohne Waffen. Marc hat Angst um diese Frauen und Männer. Er fürchtet, dass sie von den Panzern überrollt werden könnten. In dieser Situation ist es nicht geschehen. Die Panzer haben angehalten und sind umgedreht. Doch das weiß Marc nicht. Er hat Angst.

Kriege beschäftigen viele Erwachsene und Kinder, vor allem, wenn sie in Europa stattfinden. Das gilt für den Krieg in der Ukraine, und das galt für die Kriege zwischen den Nachfolgestaaten des ehemaligen Jugoslawien. Die meisten Kinder in Deutschland, Österreich und der Schweiz haben nie einen Krieg erlebt. Und das ist gut so. Umso fremder und manchmal auch faszinierender sind Bilder von Kriegsereignissen. Es wird über sie geredet, und sie werden untereinander gezeigt. All das können Eltern nicht verhindern. Auch Erzieher:innen und Lehrkräfte sind da machtlos.

Der Weg, über den Kinder am stärksten Kriege mitbekommen, sind Atmosphären. Der Ukraine-Krieg macht den meisten Menschen Angst, auch Eltern, auch Erzieher:innen, auch Lehrkräften. Viele sorgen sich, dass aus diesem Konflikt ein Atomkrieg entstehen könnte, manche fürchten die wirtschaftlichen Folgen für die eigene Familie, andere sorgen sich darum, dass der Krieg auf Zentraleuropa übergreifen könnte. Kinder und Jugendliche bekommen diese Atmosphäre mit. Sie spüren, dass etwas »in der Luft« liegt. Sie nehmen wahr, dass sich Eltern oder andere Menschen, die sie mögen und schätzen, Sorgen machen. All das kann Kinder beunruhigen. Es kann dazu führen, dass die Kinder das, was die Erwachsenen beschäftigt, in sich hineinsaugen. Denn Kinder lieben ihre Eltern, ganz gleich, wie kritisch oder belastet die Beziehung zwischen Eltern und Kindern sein mag. Sie wollen nicht, dass die Eltern Kummer haben, auch nicht die Großeltern, auch nicht andere Personen, die sie schätzen und mögen, in der Verwandtschaft, in der Kita und in der Schule. Wenn sie merken, dass in ihrem Umfeld eine Atmosphäre der Kriegsangst herrscht, dann wollen sie die erwachsenen Menschen retten und deren Kummer beseitigen. Doch das kann nicht gelingen. Sie scheitern, so sehr sie sich auch anstrengen. Die Rettung gelingt den Kindern umso weniger, je weniger offen von den Erwachsenen über den Kummer und ihre Sorgen gesprochen wird. Da lauert die Verzweiflung.

Dilan und Serdar bemühen sich, besonders brav zu sein. Denn die Geschwister merken, dass sich ihre Eltern große Sorgen machen. Worüber, das wissen sie nicht. Die Eltern waren aus dem Norden des Irak nach Deutschland geflüchtet, und alle Wunden sind nun durch die aktuellen Kriegsbilder wieder aufgerissen. Doch sie wollen damit ihre Kinder nicht belasten. Also erzählen sie Dilan und Serdar nichts davon. Doch die Kinder lieben ihre Eltern und spüren deren Kummer und deren Angst. Dadurch werden sie auch ängstlich …

Kinder bekommen mit, was »in der Luft« liegt. Dadurch spüren sie die Sorgen und Ängste der Erwachsenen, als wären es ihre eigenen.

2.2 »Papa, was ist Krieg?« – Nur darüber sprechen, wenn Kinder danach fragen?

Wenn Kinder nach dem Krieg und nach Kriegsfolgen fragen, dann sollten wir sie ernst nehmen und ihnen antworten.

> Die vierjährige Yvonne fragt: »Mama, was ist das: Krieg?« Die Mutter antwortet: »Das ist, wenn zwei Länder miteinander kämpfen, mit Soldaten und mit Waffen. Manchmal bekommen sie ihre Streitigkeiten nicht miteinander geregelt. Krieg ist auch, wenn die Chefs eines Landes ein anderes Land überfallen und erobern wollen.«

Daraus werden sich weitere Fragen und Gespräche ergeben. Manchmal reicht es aber auch, nur einen Satz zur Erklärung zu sagen, und das Kind gibt sich damit zunächst zufrieden.

> Der 13-jährige Pepe fragt: »Kann es hier einen Atomkrieg geben? Ich habe gelesen, dass Putin Atombomben hat und dass er sie einsetzen will.« Die Frage wird beim gemeinsamen Abendessen gestellt, und die Eltern versuchen zu erklären, dass sie das nur für eine Drohung halten und nicht für eine Ankündigung. Sie erläutern, dass die russische Regierung ziemlich sicher keinen Selbstmord begehen will, denn die NATO verfügt auch über Atomwaffen. Beide Seiten haben ein Interesse daran, einen Atomkrieg zu vermeiden. Pepes Vater hat als junger Mann gegen die Aufrüstung mit Atombomben durch die amerikanische Armee in Zentraleuropa demonstriert.

Neben den Kindern, die nach einem Krieg fragen, gibt es andere Kinder, die das nicht tun. An manchen Kindern gehen das Kriegsgeschehen und die Folgen vorbei. Sie sind robust oder gerade mit anderem beschäftigt, mit der neuen Freundin, mit einer Erkrankung, mit dem Schulabschluss oder der neuen Playstation. Wenn das so ist, dann soll man sie nicht beunruhigen.

Es gibt aber auch Kinder, die beunruhigt sind, aber sich nicht trauen, die Eltern oder Erwachsenen zu fragen. Das kann verschiedene Gründe haben. Vielleicht fehlen ihnen die Worte, vielleicht trauen sie ihren eigenen Gefühlen nicht. Vielleicht sind sie mit ihren Fragen schon einmal ins Leere gegangen oder haben unbefriedigende Antworten bekommen und haben danach das Fragen aufgegeben. Manche Kinder wollen auch mit ihren Fragen die Eltern oder anderen Erwachsenen nicht beunruhigen, weil sie merken, dass die Erwachsenen selbst sehr ängstlich und mit dem Krieg beschäftigt sind. Doch viele dieser Kinder zeigen dennoch Verhaltensweisen, die deutlich machen, dass sie beunruhigt sind und dass der Krieg sie beschäftigt.

Elina ist sieben Jahre alt. Sie kann nicht mehr gut einschlafen. Lange liegt sie wach, kommt oft nach einer Stunde oder sogar später noch einmal zu den Eltern und sagt: »Ich kann nicht schlafen.« Wenn die Eltern dann fragen: »Was ist denn los?«, dann zuckt sie nur mit den Schultern und sagt: »Ich weiß nicht.«

Finn, zwölf Jahre, zieht sich sehr zurück. Er war vorher immer sehr lebendig und kommunikativ, plapperte viel und hatte große Lust, mit anderen zu spielen, zu reden, manchmal auch zu toben. Doch nun wirkt er eher in sich gekehrt und wird immer stiller.

Beide Kinder sind innerlich mit den Kriegsfolgen beschäftigt. Wenn Eltern oder andere Erziehende solche Verhaltensänderungen feststellen, sollten sie diese als Zeichen dafür nehmen, dass Kinder möglicherweise Angst haben und mit dem Krieg beschäftigt sind, darüber aber nicht reden können. Dann ist es gut und sinnvoll, wenn Erwachsene auf diese Kinder zugehen und sagen: »Komm, lass uns mal zusammen einen Kakao trinken und ein bisschen reden.« Dann kann es sinnvoll sein, ungefragt Themen wie Krieg, Kriegsbilder oder Kriegsfolgen anzusprechen.

»Vielleicht hast du es ja mitbekommen, dass jetzt in einem anderen Land Krieg ist und die Soldaten aufeinander schießen. Mit tun die armen Leute leid. Ich bin da auch etwas ängstlich und beunruhigt ...«

Ein guter Einstieg in ein solches Gespräch kann darin bestehen, dass die Erwachsenen selbst über sich erzählen, über die eigene Beunruhigung, die eigenen Sorgen, die eigenen Gedanken und Gefühle. Nicht über alles, aber wenigstens über einiges. Das macht den Kindern Mut, sich auch zu öffnen, und es kann die Folgen der Verhaltensänderungen lindern.

Wenn ein Kind nicht reden möchte, dann ist das manchmal ein Selbstschutz. Es hat vielleicht Angst, dass die Gefühle zu stark werden, dass es von der eigenen Not überwältigt wird. Dann ist es für uns Erwachsene wichtig, das zu akzeptieren, indem wir zum Beispiel sagen:

»Gut, ich akzeptiere, dass du nicht darüber reden möchtest. Das musst du auch nicht. Das ist dein Recht. Doch wenn du irgendwann mit mir darüber sprechen möchtest, dann bin ich jederzeit für dich da. Versprochen!«

2.3 »Der hat es mir einfach weggenommen« – Kindliche Konflikte und Krieg

Kinder kennen Konflikte. Diese Konflikte haben einerseits Ähnlichkeiten mit den Kriegsgeschehnissen, andererseits gibt es wichtige Unterschiede zwischen beidem. Wenn wir mit Kindern über Krieg reden, wollen sie meist wissen, warum es Krieg gibt oder was zu dem Krieg geführt hat. Dann können wir an den eigenen Konflikterfahrungen der Kinder und Jugendlichen anknüpfen. Selbstverständlich kann sich das je nach Alter durchaus unterschiedlich anhören.

> Wir können zum Beispiel sagen: »Wenn du einen Streit mit anderen Kindern hast, kennst du es doch bestimmt auch, dass manchmal andere Kinder alles bestimmen wollen. So ist das auch manchmal zwischen Ländern oder zwischen Regierungen. Wenn eine Regierung alles bestimmen möchte über ein anderes Land, dann kann das Land noch so viel reden, und es kann trotzdem zu einem Krieg kommen. Du kennst es auch vielleicht, dass andere Kinder einfach zuschlagen oder dir etwas wegnehmen. Das gibt es auch unter Erwachsenen, und das gibt es auch unter den Chefs und Chefinnen von Ländern. Wenn eine Regierung einem anderen Land etwas wegnehmen möchte, dann kann das zu einem Krieg führen.«

An solchen und ähnlichen Erfahrungen können wir Erwachsene anknüpfen, und wir sollten daran anknüpfen. Sie als Eltern oder pädagogische Fachkräfte kennen die Kinder und solche Situationen sicherlich gut und können noch viel konkreter an den Erfahrungen der Kinder andocken, als es hier so allgemein beschreibbar ist. Versuchen Sie, so konkret wie möglich die Kinder und Jugendlichen in ihren Erfahrungen abzuholen.

Wir sagen Kindern oft, dass sie bei Konflikten untereinander keine Gewalt anwenden sollen und sich bemühen sollen, ihre Konflikte friedlich zu regeln. Wir halten sie an, über Streitfragen zu reden, Kompromisse zu suchen und manchmal auch Dritte hinzuzuziehen, die den Streit schlichten. Das sollten wir auch weiterhin tun und Kinder darin unterstützen. Doch auch Kindern wird das nicht immer gelingen, und zwischen Staaten und Regierungen gelingt dies auch nicht immer, so sehr die Diplomatie sich auch bemüht, so wichtig Verhandlungen und friedliche Konfliktlösungen auch sind. Dann kann es zu Krieg führen. Dies ist eine mögliche Erklärung.

So wichtig es ist, an kindlichen Erfahrungen anzuknüpfen, so bedeutsam ist es auch zu wissen: **Ein Krieg ist noch mehr als ein Schulhofkonflikt oder eine Streiterei. Krieg geht weit über einen kindlichen Konflikt hinaus.** Da geht es um Leben oder Tod, um Geborgenheit oder Flucht, um existenzielle Not, um Hungern oder Sattwerden. Diesen

Unterschied spüren Kinder. Deswegen ist es wichtig, dass wir Erwachsenen den Krieg nicht verharmlosen, indem wir ihn nur mit einem Streit gleichsetzen. Wir sollten also beides tun: an den Streiterfahrungen der Kinder anknüpfen *und* akzeptieren und deutlich machen, dass Krieg mehr ist als ein Streit.

Fragen zur Reflexion

- Wie können die Kinder, die Sie begleiten, etwas vom Krieg und seinen Folgen mitbekommen haben?
- Welche Medien sind den Kindern und Jugendlichen zugänglich?
- Kontrollieren Sie den Medienzugang? Wenn ja: wie? Wollen Sie an den geltenden Regeln etwas ändern?
- Welche Reaktionen auf Krieg und Kriegsfolgen nehmen Sie bei den Kindern wahr? Welche in Worten? Welche im Verhalten?
- Wie haben Sie bislang darauf reagiert?
- Welche anderen Reaktionen wären für Sie denkbar und welche Anregungen wollen Sie aufgreifen?

KAPITEL 3

Angst, Zorn und Traurigkeit – Kinder und ihre Gefühle

Wenn wir mit Kindern über Krieg reden, begegnen uns Gefühle, die Kriege bei Kindern auslösen können. Diese können unabhängig vom Alter bei jedem Kind durchaus unterschiedlich sein. Einige der Gefühle treten jedoch häufig auf. Deswegen werde ich sie hier erläutern.

3.1 »Ich verstehe, dass du dich fürchtest« – Angst ernst nehmen und Schutz bieten

Krieg macht Angst, allen! Da werden Menschen verletzt oder getötet, verlieren ihre Heimat, müssen um Angehörige, Freunde und Freundinnen bangen. Die Angst ist absolut nachvollziehbar, und ihr Auftreten ist normal. Angst ist ein Gefühl, das bei Bedrohungen und Gefährdungen auftritt. Sie hat einen Sinn: Angst soll uns Menschen davor warnen, etwas zu tun, das uns schaden könnte. Wenn Sie am Straßenrand stehen und eine Straße überqueren wollen, wird es ihnen Angst machen, wenn ein Auto zu schnell über die Straße fährt. Diese Angst wird Sie dazu anhalten, vorsichtig zu sein. Sie werden deshalb auf dem Bürgersteig stehenbleiben, bis die bedrohliche Situation vorbei ist. Und Sie werden Sorge dafür tragen, dass das Kind neben Ihnen sich ebenso verhält. Angst ergibt deshalb grundsätzlich Sinn, weil sie vor Gefahren warnt und zur Vorsicht anhält.

Kinder sollen deswegen auf jeden Fall Angst haben dürfen. Wenn Erwachsene sagen: »Du brauchst doch keine Angst zu haben«, dann ist das falsch. Angst ist nützlich, Angst ist sinnvoll. Deswegen ist es besser, Kindern, die Angst haben, zu sagen: »Ich verstehe, dass du Angst hast.« Und dann kann man darüber reden, wie weit der Gegenstand der Angst und ihr Ausmaß »berechtigt« sind und oder nicht. Doch zunächst einmal ist es immer wichtig, die Angst zu akzeptieren. Dazu gehört auch, dass wir Erwachsene zugeben sollten, wenn wir ebenfalls Angst haben, zum Beispiel vor den Folgen eines Krieges. Kinder lernen dadurch, dass die Angst berechtigt ist, denn wir Erwachsene sind ihre Vorbilder. Wenn wir hingegen unsere Ängste verbergen, lernen unsere Kinder, dass sie ihre Ängste verbergen müssen.

In Kriegssituationen oder vermittelt durch Bilder eines Krieges gelingt das Verbergen und Verstecken von Angstgefühlen sowieso nur sehr selten. Kriege schaffen ein Klima der Angst, eine Atmosphäre, in der die Bedrohung allgegenwertig ist und nicht an einer ganz konkreten Situation festgemacht werden kann. Die Ängste werden leicht diffus, vor allem bei Kindern, die über keine differenzierten Kenntnisse über ein Kriegsgeschehen und dessen Hintergründe verfügen und solche auch nicht haben können. Wenn die Angst diffus wird und allgegenwärtig, dann wird eine ursprünglich sinnvolle Angst zu einem Problem.

Yara ist fünf Jahre alt und hat durch Bilder vom Krieg, die sie zufällig gesehen hat, große Ängste bekommen. Sie kann nicht mehr durchschlafen, wacht oft nachts auf und kriecht zu ihrer Mutter ins Bett. Sie hat Angst. Wenn die Mutter fragt: »Wovor hast du denn Angst?«, zuckt sie mit den Schultern und sagt: »Alles!«.

Gegen solche diffusen Ängste hilft der Weg des Konkretisierens. Yara weiß noch nicht, wie weit der Krieg von ihrem Wohnort in Norddeutschland entfernt ist. Sie hat noch kein Gespür für Entfernungen. Also zeigen die Eltern ihr, z.B. auf einer Karte im Internet, zuerst die Entfernung von ihrer Wohnung zu dem Urlaubsort, an dem sie kürzlich waren, und dann zu der Region des Kriegsgeschehens. Und sie erklären: »Hierher kommen keine Soldaten, die schießen. Hier bist du sicher, hier schützen wir dich, und auch alle anderen passen auf. Aber es wird passieren, dass Flüchtlinge kommen, auch Kinder, die vor dem Krieg geflohen sind. Die haben jetzt kein Zuhause mehr und die müssen hier ein neues Zuhause finden, bis sie wieder in ihre Heimat zurückkehren können. Deswegen müssen wir sie unterstützen. Sie kommen zu uns, weil sie hier sicher und geschützt sind.«

Je konkreter wir Erwachsene mit Kindern über den Anlass ihrer Ängste sprechen und gemeinsam mit ihnen benennen können, worin Bedrohungen bestehen und worin nicht, desto mehr verflüchtigt sich der Nebel der diffusen Ängste. **Die Angst darf als Gefühl vorhanden sein, *und* es ist gut und wichtig, den Kindern Schutz zu bieten und Schutzfaktoren zu nennen.** Gegen diffuse Ängste fühlt man sich oft hilflos; wenn Ängste konkret werden, kann man eher handeln, oder zumindest vorsichtig sein. Auch wenn wir erwähnen oder die Kinder mitbekommen, dass Menschen vor dem Krieg fliehen, ist es immer wieder auch wichtig zu sagen: »Wir müssen nicht fliehen, wir sind hier sicher!«

Die Ängste vor einem Krieg und dessen Folgen sind immer existenziell. Es geht um Sein oder Nicht-Sein. Das hat eine ganz andere Qualität als die Angst davor, eine schlechte Note bei einer Klassenarbeit zu bekommen oder Fehler beim Kochen zu machen.[2] Deswegen können Kriegsängste auch so gravierende Folgen haben und sich langfristig in der Persönlichkeit eines Kindes einnisten. Deshalb brauchen diese Ängste Beachtung.

Menschen haben zwei Fähigkeiten, die einerseits sehr wertvoll sind, aber andererseits auch Ängste verstärken können. Die erste Fähigkeit besteht darin, dass wir Menschen uns mit anderen Menschen identifizieren können. Wenn ein Kind sieht oder hört, dass andere Kinder vor einem Krieg fliehen müssen, kann es sich mit diesen Kindern identifizieren und deren Angst und Leid spüren. Das Kind kann dadurch auch auf den Gedanken kommen, dass es selbst fliehen muss, dass es ihm so ergeht wie den flüchtenden Kindern.

2 Baer, U. & Frick-Baer, G. (2009). *Das große Buch der Gefühle.* Weinheim: Beltz.

Die zweite Eigenschaft besteht darin, dass wir Menschen uns etwas ausmalen können, was in Zukunft geschehen wird oder geschehen könnte. Die Angst bezieht sich nicht nur auf das Hier und Jetzt, auf die Gegenwart und das, was aktuell Ängste hervorruft, sondern auch auf das, was in Zukunft geschehen könnte. Wenn die Eltern einen Blitzableiter für ihr Haus bestellen, dann stellen deren Kinder sich vor, dass ein Blitz einschlagen und Schaden hervorrufen könnte. Die Angst bezieht sich auf etwas Künftiges, auf ein mögliches Geschehen. Um diese Angst zu spüren, ist es nicht notwendig, dass der Blitz schon eingeschlagen ist. Ähnlich ist es mit den Kinderängsten vor Kriegen. Wenn Kinder mitbekommen, dass es Kriege gibt, können sie sich vorstellen, dass auch in ihrer Region, in ihrem Ort, in ihrer Nachbarschaft der Krieg stattfinden könnte. All das kann Ängste verstärken.

Bei jeder Angst ist es wichtig, Kindern auch Schutz zu bieten. Bei Kriegsängsten, bei denen es um Sein oder Nicht-Sein geht, ist die Betonung von Schutz und Geborgenheit umso bedeutsamer. Dabei reicht es oft nicht, zu sagen, dass »wir« geschützt sind. Es ist wichtig, solche Sätze zu wiederholen, und es ist notwendig, immer wieder Personen zu benennen, die schützen und die für Sicherheit einstehen. Das können Regierungen sein, das können aber auch die Eltern und Erwachsenen sein, die vor allem kleineren Kindern sagen: »Wir schützen dich. Wir passen auf dich auf. Wir können das, weil hier kein Krieg ist.« Und bei größeren Kindern kann es sinnvoll sein, von dem Zusammenhalt in der Europäischen Union zu reden oder der NATO oder einer Außenpolitik, die sich um Frieden bemüht.

Manche Ängste im Zusammenhang mit Kriegen bleiben. Sie können sich in den Kindern einnisten, werden chronisch und damit zum Problem. Wenn eine Angst den Alltag überschattet und eine Kriegsangst dazu führt, dass ein Kind generell anfälliger für Ängste wird, dann ist es notwendig, sich in besonderer Weise um das Kind und seine Ängste zu kümmern. Hilfreich ist alles, was die Geborgenheit unterstützt (siehe dazu die Ausführungen im nächsten Kapitel). Es hilft auch, das Selbstwertgefühl von Kindern zu fördern. Andauernde Angst macht klein und verunsichert.

Jonathan ist ein ängstliches Kind geworden. Er hat in der Kita Freundschaft mit Deniz, einem Kind aus Afghanistan, geschlossen, das durch die Bilder von der Eroberung Kabuls durch die Taliban offenbar retraumatisiert wurde und seitdem nicht mehr spricht. Offenbar hat Jonathan dessen Angst gespürt und sich von der Ängstlichkeit »angestecken« lassen. Beide Kinder sind Fußballfans. Ein Erzieher betreut in einem Fußballverein die Minis und nimmt beide Kinder mit. Sie spielen begeistert, Deniz fängt sogar an, einzelne Worte zu rufen. Jonathan spielt gut und gerne Fußball, er wird gelobt. Ihr beider Selbstbewusstsein steigt, Jonathans Ängstlichkeit schwindet.

Alles was dem Selbstwertgefühl eines Kindes dient, kann der Wirkung von Ängsten entgegenwirken.

Gegen kindliche Ängste hilft auch eine Methode, die ich »Aktives Symbolisieren«[3] nenne:

Die Lehrerin hat bei einer Gruppe von Zweitklässlern in der Grundschule beobachtet, dass sie sehr ängstlich sind. Sie erzählt ihnen deshalb die Geschichte vom Angstfresser[4]: »Jeder Mensch hat ein Angstfresserchen. Angstfresserchen sind ganz seltsame Wesen, sie ernähren sich von der Angst. Sie fressen die Angst. Je größer die Angst ist, desto leckerer schmeckt dem Angstfresserchen das. Wie ein Angstfresser aussieht, das weiß nur jedes Kind selber. Jedes Kind kann nur sein eigenes Angstfresserchen sehen und erkennen. Angstfresserchen sind manchmal groß und manchmal klein. Bei Kindern sind sie eher klein. Aber das weiß nur jedes Kind selber. Überlegt mal, wie euer Angstfresserchen aussieht. Und dann nehmt die Stifte und ein Blatt Papier …« Die Kinder malen ihre eigenen Angstfresserchen und reden anschließend darüber.

3 Baer, U. (1999/2018). *Gefühlssterne, Angstfresser und Verwandlungsbilder. Kunst- und gestaltungstherapeutische Methoden und Modelle.* Berlin: Semnos.

4 Angelehnt an die Traumfresser-Geschichte von Michael Ende.

Hier schaffen Kinder Symbole, die gegen ihre eigenen Ängste wirken. Keine vorgegebenen Symbole oder welche von der Stange, sondern eigene, die sie selbst aktiv gestalten. Das hilft gegen Ängste.

3.2 »Mama, kann ich mitkommen?« – Klammern und die Sehnsucht nach Geborgenheit

Viele Kinder spüren, wenn sie Krieg und Kriegsfolgen mitbekommen, einen Verlust von Geborgenheit. Geborgenheit umfasst drei Elemente:

- Der Wortteil »borg« in Geborgenheit stammt nicht von »borgen«, sondern von »Burg«. In die Burg haben sich die Menschen früher geflüchtet, um geschützt zu sein vor Bedrohungen, vor Feinden. Geborgenheit beinhaltet Schutz. Kriege rufen bei den Betroffenen das Gefühl hervor, dass es keinen Schutz mehr gibt. Für diejenigen, die Zeugen von Kriegen sind und deren katastrophalen Folgen mitbekommen, wie das bei vielen Kindern der Fall ist, kann dies ebenfalls zum Verlust des Gefühls der Geborgenheit führen. Es ist deswegen alles gut, was diesen Kindern Schutz bietet, und wir müssen ihnen immer wieder versichern, dass sie sicher sind und dass wir für ihre Sicherheit eintreten.
- Geborgenheit braucht Wärme. Das meint vor allem Wärme in den Beziehungen zu anderen Menschen, aber auch sinnlich spürbare Wärme. Wenn Menschen sich geborgen fühlen möchten, hüllen viele sich in eine wärmende Decke, oder sie zünden Kerzen an. Auch solche wärmestiftenden Symbole sind für Kinder wichtig, wenn deren Geborgenheit verlorenzugehen droht. Am wichtigsten aber ist die Wärme, die wir ihnen im konkreten Kontakt von Person zu Person vermitteln.
- Geborgenheit entsteht nicht beim Erstkontakt, sondern braucht Kontinuität, benötigt wiederholte Erfahrungen. Deswegen sind Verlässlichkeit und Nachhaltigkeit Kernbestandteile der Geborgenheit. Wenn Kinder dann sehen, dass viele Menschen vor Krie-

gen flüchten, egal ob in Afrika, Asien oder Europa, dann spüren und wissen Kinder, dass diese ihre Heimat und damit ihre Geborgenheit verlieren. Das macht Angst und kann das Gefühl hervorrufen, dass auch ihnen droht, die Geborgenheit zu verlieren.

Zwei Geschwistern aus der Ukraine gelang die Flucht vor dem Krieg nach Berlin. Nach kurzer Zeit werden die Zwillinge in eine fünfte Klasse eingeschult. Sie sprechen kein Deutsch, können sich nur ein wenig über eine Dolmetscherin verständigen, die einmal in der Woche in die Klasse kommt. Die anderen Kinder freuen sich, dass die beiden in Sicherheit vor dem Krieg sind und dass sie nun da sind. Sie kümmern sich sehr rührend um die beiden Neuankömmlinge, unterstützt von ihrem Lehrer. Auch Marco erzählt seinen Eltern stolz davon, dass es jetzt zwei Kinder aus der Ukraine gibt, die es geschafft haben, sich vor dem Krieg zu retten. Gleichzeitig verändert sich Marcos Verhalten. Er klammert sich viel mehr an seinen Eltern fest. Er will nicht mehr allein zu Hause sein, wenn die Eltern mal einkaufen gehen, sondern er möchte jetzt immer mitkommen. Vorher war das anders. Da bestand er stolz darauf, dass er sich auch eine Zeit lang allein in der Wohnung aufhalten könne. Er sucht immer die Nähe der Mutter oder des Vaters. Er klammert.

Ein solches Verhalten kann ein Ausdruck davon sein, dass ein Kind seine Geborgenheit verloren hat oder das Gefühl hat, sie könnte ihm abhandenkommen. Vielleicht ist das Ankommen der Kinder aus der Ukraine der Anlass, der diese Verunsicherung hervorgerufen hat. Durch die beiden neuen Kinder in der Klasse wird das, was Marco vorher über Nachrichten oder Erzählungen anderer gehört hatte, nun sehr konkret und fassbar.

Marco braucht Sicherheit, Wärme, Verlässlichkeit. Wenn er nicht mehr allein zu Hause bleiben möchte, ist es wichtig, dass die Eltern das akzeptieren und ihn mitnehmen. Offenbar braucht er die Sicherheit, dass sich die Eltern von ihm nicht entfernen, sondern verlässlich und kontinuierlich bei ihm sind. Zumindest in Reichweite. Hilfreich für Marco sind Rituale. Die Familie ist gläubig. Sie essen gemeinsam und beten vor jeder Mahlzeit und bevor sie zu Bett gehen. Allmählich fühlt sich Marco wieder sicherer und sein Klammerbedürfnis lässt nach.

Die Kinder, die geflüchtet sind, haben ihre Heimat verloren. Was selbstverständlich für sie war, ist nicht mehr vorhanden, ihre Geborgenheit ist nicht mehr da. Das kann anstecken. Die Kinder brauchen alles, was Geborgenheit fördert, auch die Kinder, die ihre Geborgenheit gefährdet sehen. Zu Ritualen, die Geborgenheit schaffen, gehört selbstverständlich die gemeinsame Einnahme von Mahlzeiten. Diese erfolgt aber nicht in allen Familien oder kann nicht erfolgen. Dazu können auch andere Rituale gehören, zum Beispiel in der Zeit, bevor die Kinder ins Bett gehen oder bei anderen Gelegenheiten. Welche für Ihre Familie und Ihr Kind sinnvoll sind, können Sie gemeinsam besprechen. Sie werden sicherlich vieles finden, was Sie zumindest ausprobieren können. Auch in Kita-Gruppen und Schulklassen können Rituale hilfreich sein, weil sie Verlässlichkeit und Geborgenheit vermitteln.

In der Schulklasse war es seit einiger Zeit schon unruhig. Mehrere Kinder, die mit ihren Teilfamilien geflüchtet waren, hatten das Klassengefüge durcheinandergewürfelt, und die Not und die Fremdheit der geflüchteten Kinder beunruhigte alle. Das brachte die Lehrerin auf die Idee, ein Ritual einzuführen: Jeden Morgen sang sie mit ihrer Klasse ein Lied. Dabei durften die Kinder abwechselnd ein Lied vorschlagen, in welcher Sprache auch immer. Es reichte ein Vers. Dieses Ritual stabilisierte die Klasse. Der Zusammenhalt und die Sicherheit wuchsen.

3.3 »Die nehmen das nicht ernst« – Heiliger Zorn und aggressive Gefühle

Das Miterleben von Kriegen kann auch zornig machen. Zu sehen oder zu hören, was Menschen anderen Menschen antun, ist für viele kaum auszuhalten. Es ruft aggressive Gefühle hervor.

Viele Menschen reagieren auf aggressive Gefühle wie Zorn, Ärger oder Wut mit dem Versuch, sie zu unterdrücken oder zumindest auf Sparflamme zu halten. Denn viele Menschen, auch Kinder, haben schlechte Erfahrungen damit gemacht, dass Ärger und Zorn an ihnen ausgelassen wurde und dass sie ihn erdulden mussten, ohne sich dagegen wehren zu können. Das ist verständlich, doch eigentlich sind auch aggressive Gefühle zunächst einmal sinnvoll. Wer sich ärgert oder wütend ist, möchte etwas verändern. Zorn kann sich gegen die eigene Person richten, wenn man sich beispielsweise darüber ärgert, dass man etwas vergessen hat. Oder er richtet sich gegen andere, die einen selbst oder andere Menschen verletzen oder gefährden. **Aggressive Gefühle sind Gefühle, die auf Veränderungen hinzielen. Das ist ihr Sinn, ihre Existenzberechtigung.**

Paul ist 11 Jahre alt und ärgert sich über einige Kinder in seiner Klasse. Wenn über Krieg und Flucht geredet wird, machen sie sich nur darüber lustig und albern herum. Paul ist empört: »Die nehmen das nicht ernst. Das versteh ich nicht. Die sind doof.« Die Eltern reden mit Paul darüber, dass seine Empörung berechtigt ist. »Ja, wenn andere über das Leid von Menschen lachen und es lächerlich machen, dann ist das schlimm.« Und sie versuchen, Paul mögliche Hintergründe für das Verhalten der anderen Kinder nahezubringen: »Vielleicht haben einige dieser Kinder kein Mitgefühl, haben es verloren. Vielleicht haben sie aber auch selbst Angst. So viel Angst, dass sie Angst vor der Angst haben! Sie tun dann so, als wäre sie gar nicht vorhanden, und wehren sie ab, tauschen sie um in Lachen.«

Kinder haben das Recht, ja die Notwendigkeit, aggressive Gefühle zu leben und auch zu zeigen. Sie haben das Recht, nein zu sagen. Denn wenn sie nicht nein sagen dürfen, bleiben sie Opfer und müssen alles, was an sie herangetragen oder über sie ausgeschüttet wird, erdulden. Nur wer lernt, ob in der Trotzphase oder in anderen Zeiten, auch nein zu sagen, kann sein Selbstbewusstsein stärken und dann auch üben, ja zu sagen. Das Wort »trotz« stammt vom Begriff »trutzen«, den manche vielleicht im Zusammenhang mit der »Trutzburg« kennen. Trutzen bedeutet, sich wehren, sich verteidigen. Kinder müssen dafür ihr eigenes Maß entwickeln, indem sie üben, nein zu sagen. Und üben, sich zu empören.

Probleme mit aggressiven Gefühlen bekommen die Menschen erst dann, wenn sie darunter leiden. Das ist fast immer dann der Fall, wenn Aggressivität mit Hilflosigkeit gepaart ist. Wer kann schon etwas daran ändern, dass es Kriege gibt? Aggressive Gefühle können dann sehr stark werden und über den Veränderungsimpuls hinausschießen. Zorn und Wut werden dann zu einem Grundgefühl, das die gesamte Stimmung beeinträchtig und prägt. Oder sie brechen wie ein Vulkan aus dem Menschen hervor und führen zu Jähzorn-Attacken.

Lisa ist 14 Jahre alt. Sie hat mit ihren Mitschülerinnen und Mitschülern in der Klasse über einen Krieg gesprochen. Was sie dort erfahren hat und was sie im Internet sieht, macht sie fassungslos und zornig. Sie will unbedingt etwas tun, weiß aber nicht, was. Als sie ihren Eltern am Abend davon erzählt, »verlangt« sie von ihnen, eine geflüchtete Familie aufzunehmen. »Ganz egal, ob aus der Ukraine oder aus Afghanistan, die Menschen brauchen das. Wir müssen etwas tun!« Die Eltern finden den Impuls und den Vorschlag grundsätzlich gut, geben aber zu bedenken, dass die Wohnung schon für Lisa, ihren Bruder und die Eltern sehr klein ist und dass sie seit Längerem schon eine größere Wohnung suchen. Das macht Lisa noch zorniger. Sie beginnt erst zu schreien und dann auch zu weinen …

In solchen Situationen ist es wichtig, sich nicht gegen den Zorn der Kinder und Jugendlichen zu stellen. Dieses Gefühl lässt sich nur schwer unterdrücken, der Preis dafür wäre auch zu hoch. Denn Lisas Zorn wendet sich gegen Ungerechtigkeit und dagegen, dass Menschen anderen Menschen Leid zufügen. Und deswegen ist dieser Zorn gerechtfertigt. Man spricht auch vom »heiligen Zorn«, der sich gegen Handlungen richtet, die andere Menschen entwürdigen, ja vernichten. Gleichzeitig ist der Zorn gepaart mit Hilflosigkeit. Wenn der Vorschlag, eine Familie in die Wohnung aufzunehmen, nicht umsetzbar ist, ist es wichtig und notwendig, dass Lisa mit ihren Eltern nach anderen Möglichkeiten suchen kann, die leidenden Menschen zu unterstützen. Dann kann der Zorn akzeptiert und produktiv umgewandelt werden in konkrete Handlungen. Es ist immer gut, in der Familie, aber auch in Kitas und Schulklassen, gemeinsam darüber nachzudenken und zu diskutieren, was man konkret tun kann.

Eine Form aggressiver Gefühle ist auch der Zynismus. Bemerkungen wie »Du glaubst wohl, Du musst keine Hausaufgaben mehr machen, weil sowieso bald im Atomkrieg alles vorbei ist!« oder »Kannst ja in die Ukraine gehen«, sind aggressiv. Kinder und auch viele Jugendliche verstehen Zynismus nicht, und deswegen sollten wir Erwachsene ihn vermeiden.

Manchmal sind aggressive Gefühle auch Ausdruck von Verwirrung und Überforderung. Wenn ein Kind nicht mehr ansprechbar ist und alle Kontaktbemühungen aggressiv abwehrt, dann kann das darin begründet sein, dass es Ruhe und Rückzug braucht, um etwas zu verarbeiten, z. B. Informationen und Gefühle, die sich aus Begegnungen mit dem Kriegsthema ergeben haben. Die Abwehr der Kontaktbemühungen wirkt dann oft aggressiv. Diese Aggressivität ist aber eher defensiv und kann sich legen, wenn Ruhe und Rückzug »erlaubt« und möglich sind.

3.4 »Genau wie damals« – Wie herauskommen aus Ohnmacht und Hilflosigkeit?

Wie wir schon am Beispiel von Lisa gesehen haben, rufen Kriege oft Gefühle der Ohnmacht und der Hilflosigkeit hervor. Bei manchen Menschen entladen sich diese Gefühle in aggressiven Äußerungen oder Handlungen gegenüber anderen. Andere wenden die Aggressivität eher gegen sich selbst und ziehen sich zurück oder erstarren. Für beide Fälle gilt, dass Gefühle der Ohnmacht und Hilflosigkeit keine angenehmen Gefühle sind. Wir Erwachsenen sollten versuchen, sie keinem Kind zuzumuten. Wenn Kinder und Jugendliche in diesem Gefühl feststecken, ist es gut und wichtig, dass Erwachsene darauf reagieren und gemeinsam mit den Kindern Wege suchen, aus Hilflosigkeit und Ohnmacht herauszukommen.

Wenn Menschen hilflos sind, dann schreit dieses Gefühl geradezu nach Hilfe. Die Hilflosigkeit der Kriegsopfer überträgt sich leicht auf Kinder und Jugendliche in anderen Ländern, die die Bilder dieser Opfer sehen, ihnen begegnen oder von ihnen hören. **Der Sinn des Gefühls der Hilflosigkeit besteht darin, dass Menschen Hilfe suchen.**

> Anna hat in der Schule über den Krieg in der Ukraine gesprochen. Ein Kind aus Syrien hat gesagt: »Das ist wie bei uns damals. Die schießen auf alles. Da hilft nur, ganz weit wegzulaufen.« Anna kommt nach Hause und ist durcheinander, wirkt verstört. Der Vater, der im Homeoffice arbeitet, merkt das in seiner Pause und fragt nach. Anna zuckt mit den Schultern. »Ich weiß auch nicht, was los ist.« Sie erzählt davon, wie sie in der Schule über den Krieg geredet haben. Der Vater meint: »Ich fühl mich da oft hilflos. Kann das bei dir auch so sein?« Anna nickt. Sie beschließen, beim Abendessen darüber zu reden, wie sie mit ihrer eigenen Hilflosigkeit umgehen können und vor allem auch den Menschen aus den Kriegsgebieten helfen können.

Wenn Kinder in ihrer Hilflosigkeit allein bleiben, können sie damit überfordert sein und bleiben. Sie darauf anzusprechen, mit ihnen zu reden und ihnen Hilfe anzubieten, ist schon der erste Schritt aus der Hilflosigkeit heraus.

Ähnliches gilt auch für das Gefühl von Ohnmacht. **Ohnmacht bedeutet, keine Macht zu haben, etwas zu verändern. Das Gegenteil von Ohnmacht heißt nicht »Macht«, sondern »machen«, etwas tun können.**

Auch die 14-jährige Emma fühlt sich angesichts der überall präsenten Kriegsberichterstattung hilflos und ohnmächtig. Sie ist unruhig, isst weniger und wacht nachts immer wieder auf. Sie will etwas ändern, weiß aber nicht was. Eine Freundin erzählt ihr, dass sie bei Fridays for Future mitmacht. Emma beschließt, sich dem anzuschließen. Sie hat endlich eine Perspektive, etwas zu tun!

In Kapitel 11 werde ich genauer auf die Möglichkeiten eingehen, wie wir mit Kindern und Jugendlichen angesichts von Kriegen ins Handeln kommen können, wenn sie sich hilflos und ohnmächtig fühlen, und mehrere Anregungen geben. Emma hat ihren eigenen Weg gefunden, indem sie sich mit Gleichgesinnten gegen die Bedrohung durch den Klimawandel einsetzt. Dieser Einsatz ist ihr Weg aus der Ohnmacht und Hilflosigkeit, bezieht sich aber nicht auf die Opfer des Krieges, der diese Gefühle eigentlich ausgelöst hatten. Nun, das muss er auch gar nicht. Er kann auch andere Lebensbereiche erfassen, indem Kinder und Jugendliche sich für den Klimaschutz oder für den Tierschutz einsetzen oder indem sie in der Nachbarschaftshilfe aktiv werden.

Alicia hat von einem Mädchen gehört, das auf der Flucht vor dem Krieg in Syrien ihren geliebten Hund zurücklassen musste. Es sei traurig und träume jede Nacht von seinem Hund. Alicia geht zu ihrer Mutter und bittet sie, sie in den Arm zu nehmen. Alicia weint. Als sie der Mutter erzählt, was sie so mitnimmt, tröstet die Mutter sie. Dann überlegen sie gemeinsam, was Alicia tun kann. Da hat Alicia eine Idee: »Ich helfe beim Tierschutzverein. Wir haben mal in der Schule gehört, dass es da Leute gibt, die sich um die Tiere kümmern, die verstoßen und zurückgelassen worden sind. Das mache ich, da gehe ich hin, da helfe ich.«

3.5 »Weine ruhig …« – Der Sinn vom Traurigsein

Trauern ist ein Gefühl, das oft hervorgerufen wird, wenn Menschen Kriegen und Kriegsfolgen begegnen. Menschen verlieren Angehörige und trauern darüber – wir trauern mit. Wie im Ukraine-Krieg müssen Millionen Menschen ihre Heimat verlassen und sind traurig darüber – und wir trauern mit. Trauern ist ein Gefühl des Loslassens. Dieses Gefühlt tritt immer dann auf, wenn wir Menschen etwas verlieren, manchmal aus eigenem Willen, manchmal, wie im Krieg und auf der Flucht, unfreiwillig. Wenn ein Kind erwachsen wird und aus der Wohnung der Familie auszieht, sind manche Eltern stolz darauf und gleichzeitig auch traurig, weil sie etwas verlieren. Wer eine angehörige Person, einen Freund oder eine Freundin verliert, wer den Arbeitsplatz wechseln muss mit all den Kollegen und Kolleginnen, mit denen man gut zusammengearbeitet hat, wer krank ist oder so alt wird, dass einige Fähigkeiten, über die man verfügte, nicht mehr zur Verfügung stehen, der trauert. Trauern ist ein Gefühl des Loslassens, und das ist ihr Sinn und Zweck. Trauern begleitet das Loslassen und erleichtert es.

Entscheidend ist, dass wir Menschen nicht allein trauern, sondern die Trauer mit anderen Menschen teilen. Dazu müssen wir sie zulassen. Wir sollten sie nicht bekämpfen oder unterdrücken.

Leonie kommt von der Schule nach Hause. Sie ist dreizehn Jahre alt und geht in eine Gesamtschule. Sie hat mit zwei Kindern geredet, einem Jungen aus Äthiopien und einem Mädchen, das ganz neu aus der Ukraine gekommen ist. Sie verständigen sich auf Deutsch und Englisch und mit Körpergesten. Die beiden anderen Kinder mussten ihre Heimat verlassen. Sie mussten ihre Großeltern zurücklassen und viele Freundinnen und Freunde. Als Lisa ihren Eltern davon erzählt, beginnt sie zu weinen. Nicht viel, aber ein bisschen. Die Mutter sagt: »Weine ruhig. Es ist doch auch traurig, was die beiden durchmachen mussten und was sie immer noch durchmachen müssen. Sie haben viel verloren, da ist es gut zu trauern.«

Traurig zu sein ist sinnvoll und es hilft loszulassen. Entscheidend ist nicht das Maß der Trauer – ein »richtiges« Maß gibt es nicht –, sondern dass Kinder und auch Erwachsene beim Trauern nicht allein sind. Trauer zu teilen, hilft und erleichtert. Wir sollten Kindern und Jugendlichen immer anbieten, mit ihnen gemeinsam zu trauern, und sie in ihrer Traurigkeit bestärken.

Und dann gilt wieder das große *Und*: »Wir sind traurig, *und* wir schauen auf das, was uns Freude macht und guttut. Wir schauen zurück, *und* wir sehen nach vorne. Wir lassen die Traurigkeit zu, *und* wir sind froh, dass wir gut und sicher leben können.«

3.6 »Du bist nicht schuld!« – Kindern die Schuldgefühle nehmen

Kinder und Jugendliche werden angesichts von Kriegen oft von Schuldgefühlen geplagt. Der Verstand der Erwachsenen reagiert sofort mit der Antwort: »Du hast doch keine Schuld an dem Krieg!« Doch wir sollten die Schuldgefühle der Kinder nicht als unsinnig oder unvernünftig abtun. Um diese Schuldgefühle zu verstehen, muss man einen Blick auf ihren Entstehungsprozess werfen.

Kinder fühlen sich in doppelter Weise verantwortlich. Wenn ihnen etwas widerfährt, was ihr Fassungsvermögen übersteigt und was sie deshalb nicht einordnen können, dann übernehmen sie zumindest innerlich die Verantwortung für das Geschehen.

Die Eltern von Mario haben sich getrennt. Für Mario kam das sehr überraschend, und es bleibt für ihn unverständlich. Die Eltern hatten sich bemüht, ihre Konflikte von Mario fernzuhalten, um ihn nicht zu belasten. Das war richtig. Doch eine Folge davon war, dass die Trennung für Mario wie »aus heiterem Himmel« kam. Die Eltern hätten Mario erklären müssen, dass sie als Erwachsene die Ehe »verbockt« haben und dass Mario nicht dafür verantwortlich ist. Doch dafür fanden sie nicht die richtigen Worte.

Mario denkt, er sei verantwortlich dafür, dass die Familie auseinandergebrochen ist. Er kann weder zornig sein noch traurig, sondern zermartert sich den Kopf darüber, was er denn falsch gemacht hat. Ihm fiel ein, dass es Konflikte mit ihm vor allem immer dann gegeben hat, wenn er seine Hausaufgaben nicht oder nur teilweise erledigt hatte. Manchmal hat er sogar gesagt, dass er keine Hausaufgaben bekommen hätte. Mario hat also irgendwann beschlossen, von jetzt an immer sofort und vollständig seine Hausaufgaben zu erledigen. Und er tat das auch. Doch seine Hoffnung, dass sein Vater und seine Mutter dadurch wieder zusammenkämen und alles wieder so würde wie vorher, erfüllte sich nicht. Von seinem Standpunkt aus hat er »versagt« und fühlt sich schuldig.

Wenn Kinder Krieg und Kriegsfolgen nicht verstehen, fühlen sie sich auch schnell überfordert. Auch das kann dazu führen, dass sie sich dann verantwortlich fühlen.

Franziska lebt in einer gläubigen Familie. Als sie von dem Krieg in Afghanistan erfährt und in der Schule darüber gesprochen wird, welche schlimmen Folgen dieser Krieg für viele Menschen hat, betet Franziska jeden Abend, dass der Krieg beendet wird. Doch er geht weiter und weiter. Franziska fühlt sich schuldig. Sie meint, wenn sie häufiger gebetet hätte, dann wäre der Krieg vielleicht schon zu Ende.

Von außen betrachtet sind solche Schuldgefühle meistens kaum nachvollziehbar. Doch aus der Perspektive des Kindes handelt es sich um einen Versuch, die Verbindung zwischen dem eigenen Handeln und einem unfassbaren Geschehen herzustellen.

Ein zweiter Faktor, der zu kindlichen Schuldgefühlen führt, ist die Liebe. Kinder lieben, immer und beharrlich. Sie lieben sogar Eltern, die ihnen Böses antun und sie verletzen.

Feridun wohnt in einer Hausgemeinschaft der Jugendhilfe. Seine Mutter, die ihn oft allein gelassen und nicht versorgt hat, fordert immer wieder, dass er sie anruft. Wenn er es tut, geht es ihm jedes Mal zwei, drei Tage lang schlecht. Sie verspricht ihm in den Telefonaten alles Mögliche, hält aber nie eine Zusage oder Ankündigung ein. Doch Feridun ruft wieder an. Er liebt seine Mutter und gibt die Hoffnung nicht auf, dass seine Liebe erwidert wird. Gegenüber Dritten verteidigt er das Verhalten seiner Mutter: »Die kann ja nichts dafür. Das ist nur der Alkohol.«

Weil Kinder so tief und nachhaltig lieben (auch wenn sie das zumindest als Jugendliche oft nicht zugeben), fühlen sie sich für ihre Eltern und für andere geliebte Personen verantwortlich und wollen sie »retten«. Wenn Vater oder Mutter Kummer haben, wollen die meisten Kinder diesen Kummer beseitigen. Dafür strengen sie sich an – und sie scheitern. Kinder können ihre Eltern nicht verändern, und sie können ihnen ihre Sorgen und Nöte nicht nehmen. Die Konsequenz daraus ist klar: Die Kinder fühlen sich schuldig, weil sie »versagt« haben.

Vanessa hat Schuldgefühle, weil so viele geflüchtete Menschen aus Kriegsgebieten in ihre Heimatstadt Essen kommen müssen. Sie weiß und spürt, dass auch ihre Mutter starkes Mitgefühl hat und unter der Not der Flüchtlinge mitleidet. Sie fühlt sich schuldig dafür, dass sie den Krieg und die Notwendigkeit der Flucht nicht abschaffen kann.

Kindliche Schuldgefühle sind Schuldgefühle ohne Schuld. Viele Täterinnen und Täter haben Schuld, aber keine Schuldgefühle. Andere leiden unter Schuldgefühlen ohne Schuld, wie die erwähnten Kinder. Besonders intensiv sind »die Schuldgefühle der Opfer«. Menschen, die

Opfer traumatisierender Gewalt geworden sind, fühlen sich meistens schuldig. Manchmal haben ihnen die Täterinnen oder Täter die Schuld eingeredet. Oft ist das, was ihnen widerfahren ist, so unfassbar, dass sie Schuldige dafür konstruieren müssen, auch wenn sie selbst dann scheinbar zu diesen gehören. Meist ist die Ohnmacht, die sie in der traumatischen Situation spüren mussten, so grenzenlos unaushaltbar, dass sie sich eine Mitverantwortlichkeit konstruieren müssen, um nicht völlig in der Ohnmacht zu versinken.

Über die Schuldgefühle der Opfer und generell über die kindlichen Schuldgefühle wird kaum geredet. Sie sind eher geheim und tabuisiert. Deswegen sollten alle Eltern oder Erwachsene, die mit Kindern arbeiten, um diese Schuldgefühle wissen. Denn dann können wir den Kindern helfen, indem wir versuchen, ihnen das, was für sie unfassbar ist, zu erklären. Und vor allem, indem wir ihnen sagen: »Du bist nicht schuld!« Und das nicht einmal, sondern immer wieder!

3.7 »Das ist doch nur ein Film« – Vom Wert des Mitgefühls

Mitgefühl ist das Gefühl, das wir Menschen spüren, wenn wir erfahren, dass andere leiden. Wir Menschen haben die Fähigkeit, das Leid anderer als unser eigenes Leid zu fühlen. Und das ist gut so. Dieses Mitgefühl hält unsere Gesellschaft zusammen. Es hält uns davon ab, anderen Menschen Leid zuzufügen, und es macht uns solidarisch gegen die Menschen, die gewalttätig, beschämend und erniedrigend gegen andere Menschen handeln. Das ist immer im Krieg der Fall.

Kinder sind in besonderer Weise in der Lage, die Angst, die Sorgen und die Not anderer Menschen zu spüren. Deswegen rufen Kriegsbilder und andere Kriegssignale Mitgefühl hervor. **Wir Erwachsenen sollten froh sein, dass Kinder Mitgefühl haben, und uns auch darüber freuen, dass sie es zeigen.** Sätze wie: »Sei doch nicht so empfindlich« sind falsch und schädlich, weil sie das Mitfühlen bremsen.

Ella schaut einen Disney-Film zusammen mit ihrem großen Bruder. Es ist ein alter Film: Bambi. Als die Mutter von Bambi erschossen wird, lacht der Bruder. Doch Ella hat Angst, genau wie Bambi in dem Film. Der Bruder lacht sie aus und sagt: »Das ist doch nur ein Film, stell dich doch nicht so an.« Doch Ella hat Angst, große Angst, und sie ist traurig. Sie fühlt sich, als hätte sie selbst die Mutter verloren und nicht nur Bambi im Film.

Empfindsamkeit und Mitgefühl können wir Menschen nicht steuern, und Kinder können dies erst recht nicht tun. Das Einzige, was wir beeinflussen können ist, ob und wie wir es zeigen und mit anderen teilen. Und auch da gilt, dass es gut und wichtig ist, wenn Kinder und Jugendliche ihr Mitgefühl mit anderen Menschen teilen dürfen.

Allerdings gibt es bei den Kindern Unterschiede, wie sehr der Schmerz anderer Menschen gespürt wird. Manche Kinder und Jugendliche sind hoch empfindsam, andere weniger.

Immer, wenn Jasmin etwas von einem Krieg mitbekommt, bekommt sie Weinanfälle. Sie kann ihre Tränen nicht zurückhalten, und es tut ihr sehr weh, was sie sieht, hört und spürt. Ihr Kopfkino kommt in Gang. Jasmin ist sehr empfindsam. Das hat viele positive Auswirkungen. Sie kümmert sich rührend um ihre kleine Schwester, kann sehr gut auf die Gefühle anderer Menschen eingehen. Doch diese Empfindsamkeit ist auch eine Last, weil vieles an Leid und Schmerz fast ungefiltert in sie hineinströmt. Jasmin braucht dann Trost und Halt.

Kinder mit solch hoher Empfindsamkeit sollten darin unterstützt werden, sich Kriegsnachrichten gar nicht oder, wenn sie älter sind, nur dosiert auszusetzen. Das ist nicht immer möglich, aber man kann es zumindest versuchen.

Viele Kinder lieben Tiere, insbesondere Haustiere. Es ist für sie unerträglich, wenn sie hören, dass Kinder oder auch Erwachsene ihre Tiere zurücklassen müssen, wenn sie fliehen.

Milan liebt seine Katze heiß und innig. Als er hört, dass der neu in seine Klasse aufgenommene Junge bei der Flucht der Familie die Katze und den Hund zurücklassen musste, ist er außer sich. Das ist für ihn noch schlimmer als alles andere. Milan identifiziert sich mit dem ukrainischen Jungen und redet ständig von der »armen Katze« …

Der Ursprung von Milans hoher Erregung ist die kindliche Fähigkeit, sich mit anderen Menschen (und Tieren) zu identifizieren. Sie ist bei allen Kindern vorhanden und ist eine wunderbare Eigenschaft, die allerdings auch dazu führen kann, dass Kinder besonders empfindsam für das Leid anderer sind.

Die Empfindsamkeit darf nicht als negatives Gefühl abgewertet werden. Kinder können sie nur zulassen, und Erwachsene sollten die Kinder und Jugendlichen darin unterstützen, dass sie empfindsam sind und Mitgefühl haben und zeigen. Was diese Kinder dann brauchen, ist, dass Erwachsene mit ihnen, mit ihrem Leid und mit ihren Tränen Mitgefühl zeigen. Das müssen sie hören, sehen und fühlen. Sie brauchen Geborgenheit, Schutz und Unterstützung. Dieses Mitgefühl wird manchmal abgelehnt: »Ich brauche kein Mitleid.« Auch manche Erwachsene können oder wollen anderen kein Mitgefühl schenken, weil sie »Mitleid« als negativ erfahren haben und bewerten. Doch »Mitleid« muss nicht negativ gemeint sein. Es bedeutet einfach, dass jemand mit einem anderen Menschen mit-leidet, sein Leid wie das eigene spürt. Das ist nicht negativ. Doch oft wird Mitleid als eine Haltung erfahren, die von oben herab kommt, die auf andere Menschen herabschaut und sie als »Opfer« abstempelt. Diese Art von Mitleid ist entwürdigend. Deswegen rede ich eher von Mitgefühl, um die Verwechslung mit einem Mitgefühl, das andere Menschen erniedrigt, auszuschließen.

Fragen zur Reflexion

- Welche Gefühle zeigen die Kinder, die Ihnen anvertraut sind?
- Welche Gefühle vermuten Sie außerdem bei den Kindern?
- Wie zeigen Ihre Kinder Angst? Wie gehen Sie damit um?
- Was ist für Sie Geborgenheit? Was bedeutet es für Ihre Kinder? Was tun Sie dafür, dass Geborgenheit spürbar wird?
- Wie zeigen Ihre Kinder Ärger, Wut und Zorn? Wie zeigen Sie diese Gefühle?
- Wie äußert sich bei Ihren Kindern Traurigkeit? Wie ist es bei Ihnen?
- Wie reagieren Ihre Kinder auf Hilflosigkeit und Ohnmacht? Wie reagieren Sie?
- Wie zeigen Ihre Kinder Mitgefühl? Wie zeigen Sie Mitgefühl?
- Über welche Gefühle wird in Ihrer Familie, in der Kita-Gruppe oder Schulklasse relativ offen geredet?
- Über welche Gefühle sprechen Sie in diesem Umfeld eher nicht? Welche Emotionen sind eher verborgen oder tabu?
- Haben Sie positive Erfahrungen damit gemacht, mit einem Kind, mit Kindern über Gefühle zu reden?
- Welche Anregungen aus diesem Kapitel wollen Sie aufgreifen?

KAPITEL 4

Mit Kindern in verschiedenen Altersstufen reden

Diese Frage beschäftigt viele Menschen, die für Kinder und Jugendliche verantwortlich sind. Wenn ich im Folgenden eine Aufteilung in verschiedene Altersstufen vornehme, werden Sie merken, dass es in manchen Aspekten Ähnlichkeiten gibt. Auch wenn sich die grundlegenden Botschaften und Haltungen gleichen, sind die Hinweise zur Differenzierung wichtig.

4.1 »Wann ist mein Kind noch zu klein?« – In den ersten beiden Lebensjahren

In den ersten beiden Lebensjahren eines Kindes können und sollten Erwachsene nicht mit ihm über Krieg reden. Die Kinder können Krieg nicht verstehen und solche Informationen nicht verarbeiten. **Und doch können Kinder auch in diesem Alter von angstvollen Atmosphären etwas mitbekommen.** Sie spüren sie und reagieren darauf. Nicht über Informationen, sondern über Atmosphären.

Nina ist eineinhalb Jahre alt. Eigentlich ist sie ein ruhiges Kind, doch seit zwei Wochen wirkt sie unruhiger. Sie weint mehr und schläft weniger. Diese Veränderung kann natürlich in ihrem Alter unterschiedliche Ursachen haben. Doch bei Nina beginnt die Veränderung zeitgleich mit dem Angriff der russischen Armee auf die Ukraine. Die Eltern sind sehr besorgt, vor allem die Mutter ist sehr ängstlich. Sie hat Verwandte, die in der Nähe der polnisch ukrainischen Grenze leben, und kennt darüber viele Menschen aus der Ukraine, die in Polen arbeiten und leben. Die Eltern haben Angst, nicht nur um diese Menschen, sondern auch, dass der Krieg auf Polen und Deutschland übergreift. Offenbar hat die angstvolle Atmosphäre, haben die Sorgen ihrer Mutter um die Menschen im Krieg und seine Folgen Nina beeinflusst.

Auch wenn Kinder wie sie das Wort »Krieg« nicht kennen und nicht verstehen können, werden sie durch Atmosphären, die durch Kriege hervorgerufen werden, beeinflusst. Das können Eltern nie ganz verhindern. Doch sie können versuchen, dem entgegenzuwirken. Hilfreich ist es, wenn die Eltern etwas für sich tun und mit anderen Erwachsenen über ihre Ängste reden und versuchen, sie zu vermindern.

Da die Mutter von Nina ängstlicher ist als ihr Partner, schlägt er ihr vor, dass sie öfter ihre Freundin besucht, um sich dort Entlastung und Sicherheit zu holen, während er Nina betreut.

In anderen Partnerschaften mögen andere Konstellationen und Lösungen hilfreich sein, um die Atmosphäre der Angst für die Kinder zu mildern. Die Unterschiedlichkeit der Reaktionen der Elternteile auf einen Krieg können genutzt werden. Auf keinem Fall sollte während des Stillens von Babys über Krieg und Kriegsfolgen geredet werden. Und auch sonst sollten Kriegsinformationen oder -geräusche z.B. aus Nachrichtensendungen im Fernsehen von Babys und Kleinkindern möglichst ferngehalten werden. Das bedeutet, dass die Mutter eine Umgebung braucht, in der sie sich voll und ganz auf ihr Kind konzentrieren kann. Das beruhigt beide.

Die Außenwelt mit ihren Bedrohungen vollständig von Kindern fernzuhalten, wird, wie gesagt, nie ganz gelingen, da auch Atmosphären die kleinen Menschen beunruhigen können. Wenn Kleinkinder unruhig sind, sollten Sie als Erwachsene versuchen, sie zu beruhigen. Dabei können Sie auf alles zurückgreifen, was sich schon einmal bewährt hat – und neue Wege versuchen:

Ninas Eltern bemühen sich, sie zu beruhigen. Als Baby schlief Nina immer gern ein, wenn die Mutter oder der Vater ihr über den Rücken oder den Bauch streichelte. Doch jetzt half das nicht mehr. Sie probierten dieses oder jenes aus, bis sie schließlich herausfanden, was Nina beruhigte: Wenn die Mutter ein Lied summte oder mit leiser Stimme sang, beruhigte sich Nina.

Damit Kleinstkinder sich beruhigen, brauchen Sie Vertrauen. Dieses Vertrauen spüren sie durch den Klang der Stimme, durch Berührungen und Nähe. Eine Atmosphäre des Vertrauens schafft Sicherheit. Für Kinder in den ersten zwei, drei Lebensjahren ist es überlebenswichtig, dass sie den Personen, die für sie da sind, vertrauen können. Sie können nicht äußern, dass sie ihre Eltern, Erzieher:innen, Tagesmütter usw. »umtauschen« wollen. Sie sind auf sie angewiesen, um zu leben und sich zu entwickeln. Deswegen ist eine Atmosphäre des Vertrauens und der Sicherheit, des Schutzes und der Geborgenheit so wichtig, dass sie bei allem für diese kleinen Menschen im Vordergrund stehen sollte.

4.2 »Warum schießen die?« – Im Kita-Alter

Im Kita-Alter reagieren Kinder unterschiedlich auf Kriege. Es gibt manche Kinder, die sehr interessiert sind und Fragen stellen. Oft hängt dies damit zusammen, was die Kinder mitbekommen und wie die Eltern sich mit einem Krieg beschäftigen. Andere Kinder sind desinteressiert oder mit etwas anderem beschäftigt. Dann gibt es Kinder, die keine Fragen stellen, bei denen aber trotzdem Symptome zu beobachten sind, die auf Auswirkungen von Krieg und Kriegsatmosphären hindeuten. Sie sind vielleicht unruhig, und sie schlafen weniger, sie essen mehr oder weniger, manche werden aggressiv oder ziehen sich zurück.

Mehmet hat sich verändert. Er spielt weniger. Wenn er spielt, dann meistens allein. Wenn andere Kinder fragen, ob er mitspielen möchte, reagiert er gar nicht oder zuckt nur mit den Schultern. Anders als sonst. Er wirkt, als wäre er traurig oder als würde ihn etwas anderes beschäftigen.

Es kann sein, dass Kinder wie Mehmet Krieg und Kriegsfolgen gespürt, gehört oder gesehen haben, aber keine Worte haben, danach zu fragen, oder aus anderen Gründen nicht dazu in der Lage sind, bei Erwachsenen Hilfe und Unterstützung zu suchen. Kinder bekommen immer mehr mit, als Erwachsene denken, auch im Kita-Alter. Wir sollten ihnen nicht »auf den Leim« gehen, wenn sie so tun, als wären sie an dem Erwachsenengerede nicht interessiert. Sie hören genau zu. Kinder aus geflüchteten Familien haben zumeist noch mehr Interesse und lauschen noch intensiver als andere, weil sie Bedrohungserfahrungen erleben mussten, oft traumatisiert sind und ihre Sinne für Hinweise auf mögliche neue Bedrohungen besonders geschärft sind.

Eltern und Erzieher:innen sollten Kindern im Kita-Alter keine Bilder über den Krieg zugänglich machen und sie nicht bei Nachrichtensendungen zuschauen lassen. Insbesondere Bilder, aber auch Geräusche überfordern die Kinder, sie prägen sich ihnen ein. Auch wenn diese Reize nach längerer Zeit verblassen können, rufen sie starke seelische Beunruhigungen hervor. Doch auch wenn Eltern und Fachkräfte versuchen, Kriegsbilder und Informationen von den Kindern fernzuhalten, bekommen diese Kinder vielfach mehr davon mit, als wir Erwachsene vermuten würden. Sie sehen ein Bild in einer Zeitung, die auf dem Couchtisch liegt, oder hören von anderen Kindern das Wort »Krieg« oder schnappen aus Gesprächen von Erwachsenen auf, dass viele Menschen fliehen müssen oder aufeinander schießen. Wenn es Anzeichen für Ängste oder andere Folgen von Krieg gibt, dann ist es sinnvoll oder gar notwendig, mit Kindern auch im Kita-Alter darüber zu sprechen.

Wir sollten die Kinder nicht beunruhigen, aber die Beunruhigungen der Kinder ernst nehmen. Es ist wichtig, Kinder nicht zu belügen, sondern wahrhaftig zu sein. Wir müssen nicht alles erzählen, aber alles, was wir ihnen mitteilen, sollte ehrlich sein.

Die Erzieherin führt zum Beispiel folgendes Gespräch mit drei Kindern, die nach dem Krieg gefragt haben:

»Ja, ihr habt richtig gehört, es gibt Krieg in Europa, in der Ukraine. Die russische Regierung hat die Ukraine überfallen und will ihnen Land wegnehmen.«
Ein Kind fragt: »Warum denn? Warum schießen die denn?«
»Die haben lange miteinander geredet und versucht, das zu klären, und das klappt auch oft, aber manchmal eben nicht. Hier hat die Regierung des einen Landes beschlossen, Krieg zu führen und die Soldaten schießen zu lassen. Das wollen wir hier nicht, und wir wollen nicht, dass so viele Menschen darunter leiden.«
»Kommt der Krieg auch hierher?«
»Das hoffen wir nicht, und ich glaube auch nicht daran, denn es gibt ganz viele Menschen, die sich zusammentun, um den Krieg zu beenden. Wir wollen immer, dass wir hier geschützt und in Sicherheit sind. Erwachsene tun ganz viel dafür, auch deine Eltern und ich und viele, viele andere. Und sehr viele Menschen und Regierungen sind dafür, den Krieg zu beenden.«

Viele andere Fragen werden von Kindern in diesem Alter gestellt. Hier einige Beispiele mit einigen Antworten.

»Kann man im Krieg tot werden?«
»Ja, das passiert, dass Menschen erschossen werden oder aus anderen Gründen sterben. Das ist ganz schlimm. Aber hier passiert das nicht. Da passen alle darauf auf, dass so etwas hier nicht passiert.«

»Wie ist das, tot zu sein?«
»Dann ist das Leben zu Ende. Das passiert jedem Menschen. Wir werden geboren und irgendwann sterben wir, aber bis dahin ist es für dich und für uns noch lange hin. Wir können hier leben und spielen und essen und trinken und lachen und weinen und tanzen und anderes machen, was schön ist.«

»Was ist eine Bombe?«
»Das ist etwas, was im Krieg von Flugzeugen oder Raketen abgeworfen wird und dann explodiert und ganz viel kaputt macht. Aber die Flugzeuge, die wir hier am Himmel sehen, die werfen keine Bomben. Das sind friedliche Flugzeuge. Vor denen brauchen wir auch keine Angst haben. Flugzeuge mit Bomben gibt es nur im Krieg und der ist weit weg.«

»Warum haben die Soldaten alle das Gleiche an?«
»Das nennt man Uniform. Damit erkennen die Soldaten sich untereinander. Die Uniform hält warm und hat ganz viele Taschen, in denen die Soldaten all das mitnehmen können, was sie brauchen. Die Uniformen der Soldaten, die du hier vielleicht manchmal siehst, gehören zu unseren Soldaten und die sind dafür da, dass sie uns schützen, damit der Krieg nicht hierherkommt. Du kennst das vielleicht auch von der Feuerwehr. Die Feuerwehrleute haben auch eigene Uniformen. Die Feuerwehr passt auf, dass kein Feuer kommt, und wenn es mal kommt, dass es ganz schnell gelöscht wird. Auch Polizisten haben Uniformen. Die Polizei passt auf, dass wir hier sicher sind in unserem Leben.«

»Warum müssen so viele Menschen aus anderen Ländern hierher kommen?«
»Viele Menschen fliehen aus den Gebieten, wo es Krieg gibt, denn dort ist es gefährlich. Dort gibt es wenig zu essen, dort können sie verletzt oder sogar getötet werden. Also müssen die Menschen weggehen, manche werden auch weggeschickt, also vertrieben. Das ist schlimm, denn sie verlieren ihre Heimat und ihre Wohnung und müssen in ein fremdes Land mit einer fremden Wohnung und einer fremden Sprache. Wir müssen die geflüchteten Menschen unterstützen, damit sie hier sicher sind und damit sie sich hier eingewöhnen können und nicht so traurig sind. Wir müssen nicht fliehen, denn wir sind hier sicher und die Menschen kommen gerade deshalb hierher, weil sie hier sicher sind.«

Wir sollten den Kindern immer wieder Sicherheit vermitteln und gleichzeitig ihre Ängste und Unsicherheiten ernst nehmen. Sätze wie: »Du brauchst keine Angst zu haben« sind nicht gut, wenn sie nur als Behauptung daher kommen und nicht begründet werden. Denn Krieg macht Angst, Erwachsenen wie Kindern. Wir sollten nicht die Gefühle der Kinder negieren, sondern sie eher ermutigen, sie auszudrücken und uns Erwachsenen Fragen zu stellen. *Und* wir sollten immer wieder wiederholen, dass gerade hier wir alle in Sicherheit sind und dass viele Erwachsene die Kinder und all die Menschen, die in Deutschland und anderen Ländern in Europa leben, beschützen. Und dann sollten wir sie auch auffordern und einladen, zu spielen und all das zu machen, woran sie Freude haben. Das Gegenteil von Angst, die Lebendigkeit, die Spielfreude, das Lachen, die freundschaftlichen Beziehungen – all dies braucht Raum und Ermutigung.

Die wichtigste Sicherheit, die wir Kindern vermitteln können, sind wir Erwachsene selbst. Wenn wir sie einladen, ihre Fragen zu stellen und ihre Gefühle zu äußern und ihnen immer wieder versichern, dass wir für sie da sind, dass wir sie beschützen und dass wir auch ihre Fragen beantworten, dann vermittelt das Halt und Schutz.

4.3 »Wer will darüber reden?« – Im Grundschulalter

Auch für Kinder im Grundschulalter gilt, dass das Interesse an dem Thema Krieg in unterschiedlichem Maße ausgeprägt ist. Wie im Kindergarten und in der Kita sind manche Grundschulkinder sehr interessiert, viele verfügen sogar über manche Informationen, und andere Kinder interessiert das Thema nicht. Oft sind diese Kinder mit etwas anderem beschäftigt, mit der Krankheit der Oma, dem Streit mit dem älteren Bruder oder dem Bemühen um eine neue Freundin.

Mirco hat seinen besten Freund verloren. Er ist plötzlich weggezogen. Ganz schnell. Sie waren Kumpel, durch dick und dünn, schon seit dem Kindergarten. Mirco konnte sich nicht richtig verabschieden. Die Eltern seines Freundes mussten umziehen wegen der Arbeitsstelle des Vaters. Die wussten, dass das für ihren Sohn schwierig werden würde, deswegen wollten sie ihm einen langen Abschied ersparen und sagten ihm erst zwei Tage vorher Bescheid. Das war gut gemeint, aber für die Kinder war das schlimm. Wenn Mirco etwas vom Krieg hört, interessiert ihn das nicht. Sein Kopf und sein Herz sind voll vom Abschiedsschmerz. Er ist einfach fassungslos.

Wenn Kinder von dem Kriegsthema nicht berührt sind und sich nicht dafür interessieren, dann sollte man ihnen das Thema nicht aufdrängen, sondern sie in Ruhe lassen. Es gibt neben den interessierten und den nicht interessierten Kindern noch eine dritte Gruppe von Kindern. Das sind die, die den Krieg, die Kriegsfolgen und die Kriegsängste ins Lächerliche ziehen und herumalbern. Manchmal sind sie noch nicht reif genug, um sich mit dem Thema auseinanderzusetzen. **Oft haben sie auch Angst oder sind erschrocken, können diese Gefühle aber nicht zulassen und wehren sie durch Albernheit ab.** Für manche Kinder widerspricht das Gefühl der Angst ihrem Idealbild, immer stark sein zu müssen. Für einige ist »Opfer« ein Schimpfwort. Andere Kinder kann dieses Verhalten wiederum irritieren.

Wie in der Kita empfiehlt es sich auch in der Grundschule, die unterschiedlich interessierten Gruppen von Kindern in verschiedener Weise anzusprechen. Wir schlagen vor, die Kinder zu fragen, wer darüber sprechen möchte und wer nicht. Dann sollte die Gruppe geteilt werden.

Anregungen, wie Sie mit den Kindern sprechen könnten, können Sie dem Gespräch einer Lehrerin mit Teilen einer Grundschulklasse entnehmen:

»Warum gibt es den Krieg?«
»Ihr wisst, dass sich Menschen manchmal streiten. Oft gelingt es, dass sie sich einigen. Manchmal hören sie auf Argumente, manchmal holen sie eine ältere Person dazu, die den Streit schlichtet. So ist das oft auch zwischen Ländern beziehungsweise zwischen den Regierungen. Doch manchmal wird der Streit immer heftiger und man kann sich nicht einigen. Und dann geht es nur noch darum, wer mächtiger und stärker ist und wer gewinnt. Dann kann es passieren, dass jemand, in dem Fall eine Regierung, zu den Waffen greift und das andere Land überfällt, um Recht zu bekommen. Ihr kennt das auch, dass es Menschen gibt, die immer Recht haben wollen, die ›Bestimmer‹ sein wollen, oder die anderen etwas wegnehmen. Im Krieg ist das natürlich viel schlimmer, aber das ist oft der Grund, warum es Krieg gibt.«

»Werden im Krieg Menschen totgeschossen?«
»Leider ja, das passiert, und das ist schlimm. Wenn Menschen verletzt werden, gibt es auch im Krieg Ärzte, Ärztinnen und Krankenschwestern oder Krankenpfleger, die Verletzten helfen. Es gibt auch Vereinbarungen, in denen sich alle Länder verpflichtet haben, im Krieg Menschen zu schützen, also keine Schulen und Krankenhäuser oder Wohnhäuser anzugreifen. Doch nicht immer halten sich alle daran.«

»Warum müssen so viele fliehen?«
»Auch bei uns gibt es Menschen, die aus den Kriegsgebieten geflohen sind. Denn im Krieg werden Wohnungen kaputtgemacht. Wenn Bomben fallen, dann kann es auch passieren, dass Menschen getroffen werden, die keine Soldaten sind. Davor fliehen viele, vor allem Frauen und Kinder. Sie laufen vor dem Krieg davon und wollen sich in Sicherheit bringen, und das sind sie hier. Wir passen auf sie auf, dass sie hier sicher sind und in Frieden leben können, bis der Krieg vorbei ist.«

»Kommt der Krieg auch zu uns?«
»Wir sind hier in Sicherheit, es gibt sehr viele Länder und Regierungen und andere Menschen, die auf uns aufpassen und sich zusammengetan haben, damit es hier keinen Krieg gibt. Ihr seid in Sicherheit, und wir Erwachsene passen auf euch auf.«

Viele Kinder im Grundschulalter wissen nicht, wie nah oder fern die Länder sind, die mit anderen im Krieg stehen, zum Beispiel Russland und die Ukraine. Gefühlt ist dann alles ganz nah, in der Nachbarschaft. Es ist gut, ihnen auf einem Globus oder einer Karte die Entfernungen zu zeigen. Bewährt hat sich, zuerst auf der Karte den eigenen Wohnort zu suchen, dann die Entfernung zu einem anderen Ort, den sie kennen. Das kann der Wohnort der Großeltern sein oder der letzte Urlaubsort. Und zu zeigen, wie weit die Ukraine entfernt ist. Auch das schafft ein Gefühl der Sicherheit, der Distanz.

»Wie kann der Krieg aufhören?«
»Meistens schließen die beiden Parteien, die sich bekriegen, einen Waffenstillstand. Manchmal ist das die Folge davon, dass die eine Seite gewonnen hat und die andere verloren. Doch es gibt viele internationale Organisationen, die versuchen zu vermitteln, um den Menschen zu helfen, die in den streitenden Ländern leben. Dafür gibt es viele Verhandlungen, das nennt man Diplomatie. Auch jetzt wird sehr viel versucht, den Krieg zu beenden. Viele bemühen sich um einen Waffenstillstand und um Frieden.«

Es ist wichtig, dass wir versuchen, soweit es möglich ist, auf die Fragen der Kinder einzugehen. Dabei müssen wir für Kinder diesen Alters, aber auch anderer Altersgruppen, immer wieder betonen, dass sie in Sicherheit sind und dass Erwachsene alles tun, um die Sicherheit zu bewahren.

»Es ist gut, dass ihr euch nach dem Krieg erkundigt und auch über eure Sorgen und Ängste sprecht. Krieg ist schlimm, und es ist sehr schlimm, wenn Menschen getötet oder verletzt werden und wenn Menschen fliehen müssen. Doch hier sind wir in Sicherheit, deswegen kommen Flüchtlinge zu uns und wir wollen alle dafür sorgen, dass diese Sicherheit erhalten bleibt. Dafür tun viele etwas. Es ist aber auch gut, dass wir weiterhin gut leben und unseren Spaß haben, dass wir spielen und lecker essen und das machen, was uns gefällt.«

Kindern im Alter zwischen sechs und zehn Jahren sollte kein freier Zugang zu Nachrichten gegeben werden, in denen Bilder und Meldungen über Kriege verbreitet werden. Wenn ein Informationsbedarf besteht, und das ist bei zahlreichen Kindern der Fall, dann sollten wir Erwachsene versuchen, die Antworten auf die Fragen der Kinder zu geben. Wenn es um Nachrichten geht, empfiehlt sich das Kinderfernsehen, zum Beispiel die Sendung Logo! des ZDF. Hier wird weitgehend auf Bilder verzichtet, da diese nachhaltige, Angst machende Wirkungen bei Kindern hervorrufen können. Stattdessen wird viel mit Zeichnungen und Skizzen gearbeitet, was für diese Altersgruppe passend und angemessen ist.

Auch Worte können »Bilder in den Kopf« stellen, wie die Nobelpreisträgerin Hertha Müller sagt. Die Fantasie der Kinder kann dann genauso erschreckend sein wie die Realität. Deswegen sollten Sie möglichst viele Begriffe, die Ihnen mittlerweile selbstverständlich geworden sind, erklären.

»Was ist ein Bunker?«
»Das sind Räume mit ganz, ganz dicken Mauern, die nicht kaputt gehen, wenn eine Bombe darauf fällt.«

»Was ist ein Fluchtkorridor?«
»Wenn zwei Armeen miteinander kämpfen, dann vereinbaren sie manchmal, dass einen Tag lang auf einer Straße nicht geschossen wird. Dann können die Menschen, die keine Soldaten sind, auf dieser Straße vor den Kämpfen weglaufen und sich in Sicherheit bringen.«

»Warum müssen manche Leute im Keller schlafen? Müssen wir das auch?«

»Wenn geschossen wir, treffen manchmal die Kugeln auf die Häuser und die Wohnungen. Davor bringen sich Menschen in Sicherheit und ziehen in den Keller um. Zumindest eine Zeit lang. Damit sie sicher sind. Wir müssen das nicht. Hier wird nicht geschossen.«

Wenn Sie als Elternteil, Erzieher:in oder Lehrkraft nach Informationen gefragt werden, über die Sie nicht verfügen, sagen Sie ruhig: »Das weiß ich gerade nicht. Aber ich werde mich erkundigen und dir bald deine Frage beantworten.« Auch Eltern und Lehrende müssen nicht alles wissen.

4.4 »Was beunruhigt dich?« – Kinder ab elf Jahre

Kinder ab elf Jahren, also vor allem ab dem Alter, in dem sie weiterführende Schulen besuchen, sind oft viel informierter und häufig auch interessierter als jüngere Kinder. Sie haben mit zunehmendem Alter immer häufiger einen eigenständigen Zugang zum Internet und informieren sich dort sehr viel. Bei den jüngeren Kindern dieser Altersgruppe, etwa von elf bis dreizehn oder vierzehn, können Eltern erlauben, dass sie Nachrichten zum Beispiel im Fernsehen schauen. Doch sie sollten sich darum bemühen, dass die Kinder das nicht allein tun, sondern dass jeweils Erwachsene dabei sind. Dann haben sie die Möglichkeit, über das, was sie sehen und erfahren, zu reden und zu diskutieren. Auch die älteren Kinder, und vielleicht gerade sie, brauchen Meinungen und Haltungen der Eltern und der pädagogischen Fachkräfte. Auch wenn sie diese nicht immer teilen, ist es für sie wichtig, sich an ihnen zu orientieren und gegebenenfalls auch darüber zu streiten. Der Medienkonsum sollte möglichst auch kritisch begleitet werden, damit die Kinder nicht wahllos auf Falschmeldungen im Internet hereinfallen. Wichtig ist auch, dass die Bilder des Schreckens, denen sie im Internet ausgesetzt sein können, keine Sogwirkung entwickeln, wie das bei manchen Kindern der Fall ist.

Hava ist vierzehn Jahre alt. Er ist Kurde und im Irak geboren. Als er jünger war, sind seine Eltern mit ihm vor dem IS nach Deutschland geflohen. Mittlerweile spricht er gut Deutsch, und die Erinnerungen an die Flucht verblassen. Durch den Krieg zwischen Russland und der Ukraine werden jedoch die Erinnerungen immer wieder aktualisiert. Die neuen Bilder machen die alten Bilder wieder lebendig. Hava verschlingt im Internet sämtliche Nachrichten über den Krieg und kann sich davon gar nicht mehr lösen. Er isst kaum noch und schläft schlecht.
Bei Hava sind traumatische Erfahrungen der Flucht und der Zeit vor der Flucht wiederbelebt worden. Dies kann sich in rauschhaftem Internetkonsum äußern. Als die Eltern das mitbekommen, reden sie mit Hava, doch auch bei den Eltern ruft der neue Krieg die Ängste des alten wieder hervor, so dass sie gehemmt sind, mit den Schreckensbildern und den Folgen für ihren Sohn umzugehen. Sie suchen sich Hilfe, unter anderem bei der Schulsozialarbeiterin.

Viele ältere Kinder haben Schwierigkeiten, ihre Sorgen und Ängste, die durch Krieg und Kriegsbilder hervorgerufen oder wiederbelebt werden, in Worte zu fassen. Vor allem Jungen versuchen, »cool« mit allem umzugehen, dem sie begegnen, stark und unberührt zu wirken. Doch haben die Erlebnisse des Krieges, die durch Bilder und Nachrichten vermittelt werden, auch auf ältere Kinder häufig sehr starke Auswirkungen. Manche verstummen. Ihnen hat es buchstäblich »die Sprache verschlagen«. Andere wirken immer dünnhäutiger, schutzloser und schutzbedürftiger. Einige weinen sehr schnell oder wirken bedrückt. In besonderem Maße lässt sich das bei älteren Kindern bemerken, die in ihrem Leben schon traumatische Erfahrungen machen mussten.

Baran ist 16. Er ist vor vier Jahren mit einem Teil seiner Familie nach Österreich gekommen. Der Vater und der ältere Bruder sind von den Taliban als »Verräter« erschossen worden, weil sie mit einer Hilfsorganisation aus dem Westen zusammengearbeitet haben. Baran ist mehrmals im Krieg in seiner Heimat und auf der Flucht traumatisiert worden. Als der Ukraine-Krieg ausbricht, tut er so, als wäre er »cool«. Als kenne er das alles und wisse Bescheid und stehe »drüber«. Doch immer öfter wird er kreidebleich und beginnt, kaum wahrnehmbar zu zittern. Er versucht, das zu überspielen, aber es gelingt ihm nicht. Er wirkt minutenlang so, als wäre er in eine andere Welt »weggetreten«. Er braucht Hilfe und bekommt sie.

Wenn Sie als Lehrer oder Lehrerin, als Mutter oder Vater, als Großeltern oder andere Personen, die Kinder begleiten, beginnen, sich Sorgen zu machen, dann sollten Sie diese Sorgen ernst nehmen. Ganz gleich, welche Veränderungen Sie wahrnehmen, nehmen Sie dies als Anlass zu fragen: **»Hast du vielleicht etwas gehört oder gesehen, was dich beunruhigt?«**

Vielen Kindern, insbesondere älteren, hilft es, mit der Hilflosigkeit, die ein Krieg hervorruft, umzugehen, wenn sie nicht nur reden, sondern etwas tun. Hinweise dazu finden Sie in Kapitel 11.

Fragen zur Reflexion

- Was sind die häufigsten Fragen der Kinder? Was interessiert sie am meisten?
- Worüber haben Sie bisher mit ihnen gesprochen?
- Welchen Fragen sind Sie eher ausgewichen?
- Was waren gute Erfahrungen?
- Wo waren Sie unsicher?
- Wo haben Sie sich Unterstützung geholt?
- Welche Anregungen wollen Sie aufgreifen?

KAPITEL 5

Sich Zeit nehmen – Wo man wie mit Kindern reden kann

Wie Sie mit Kindern über Krieg reden können, hängt nicht nur von deren Alter ab, sondern auch davon, ob Sie dies in der Schule, in der Kita, zu Hause oder in einer anderen Umgebung tun. Wichtig ist immer, dass Sie sich darum bemühen, einen Ort und einen Zeitpunkt zu finden, der für das Kind *und* für Sie passend ist. Das wird Ihnen nicht immer gelingen, doch der Versucht lohnt sich.

5.1 »Ich will jetzt kuscheln« – Im Elternhaus

Ob Sie als Vater oder Mutter oder beide gemeinsam mit Ihren Kindern über den Krieg reden, hängt von Ihnen und von den Kindern ab. Entscheiden Sie mit Bedacht, wer an dem Gespräch teilnimmt, was das Kind möchte und ob Sie sich das Gespräch als Mutter oder als Vater oder lieber gemeinsam zutrauen und wünschen.

Wenn der Impuls zu einem solchen Gespräch von Ihnen ausgeht, sollten Sie eine gute Gelegenheit dafür schaffen.

> »Komm lass uns mal zusammensetzen, ich möchte mit dir etwas besprechen.« Die Eltern setzen sich mit der Tochter an den Couchtisch. »Du hast doch gehört, dass es in der Ukraine Krieg gibt. Habt ihr darüber in der Schule gesprochen?« Die Eltern beginnen damit, das Kind zu fragen, und das ist gut und richtig. Nach dem Gespräch sagt die Tochter: »Jetzt will ich ein Video gucken und dabei kuscheln.«

Achten Sie darauf, dass Ort und Zeit stimmig sind, damit alle Beteiligten an dem Gespräch ruhig und konzentriert sein können und es möglichst wenig Ablenkung gibt. Zwischendurch nach einem langen Arbeitstag oder bei der Zubereitung des Abendessens ein solches Gespräch zu beginnen, ist dem Inhalt nicht angemessen. **Für Sie selbst oder für die Kinder kann das Gespräch aufregend sein, und dazu braucht es eine angemessene Umgebung und einen angemessenen Zeitpunkt.**

Manchmal sind Kinder von dem Thema Krieg und seinen Folgen so bewegt und berührt, dass sie das Gespräch nicht von Angesicht zu Angesicht führen können.

> Die elfjährige Leonie kommt von der Schule nach Hause und ist aufgewühlt. Die Mutter weiß, dass sie heute über die Ukraine geredet haben, über den Krieg, und dass neue Kinder in die Klasse gekommen sind, Kinder, die aus der Ukraine geflüchtet sind. Sie fragt ihre Tochter, wie es ihr geht und wie es in der Schule war, doch Leonie schüttelt nur den Kopf und will nichts sagen. Die Mutter fragt nach, weil sie sieht, dass Leonie mit etwas beschäftigt ist, doch Leonie wehrt ab.
> Am Nachmittag will die Mutter einen Kuchen backen. Sie fragt Leonie, ob sie mitmachen möchte, denn sie backt sehr gerne. Leonie nickt und beide schälen das Obst und bereiten den Teig zu. Dabei beginnt Leonie plötzlich zu erzählen, was sie bewegt: Ein neues Mädchen ist in die Klasse gekommen. Es stammt aus der Ukraine und hat dort Schlimmes erlebt. Der Krieg, den Leonie bislang allenfalls aus den Nachrichten kannte, die sie gemeinsam mit ihren Eltern geschaut hat, ist plötzlich sehr nahegekommen und hat sie erschrocken und traurig gemacht. Sie beginnt zu weinen und knetet gleichzeitig weiter den Teig und belegt ihn dann mit den Obststücken. Leonie und ihre Mutter unterhalten sich über das Thema, und das tut gut.

Wenn Kinder nicht von Angesicht zu Angesicht reden können, ist es besser, eine »Triangelform« zu wählen. In einer Triangel beschäftigen Sie selbst und das Kind sich gemeinsam mit etwas Drittem, gehen zum Beispiel gemeinsam spazieren oder arbeiten im Garten, bauen ein Lego-Haus oder reparieren das Fahrrad. Währenddessen sprechen Sie miteinander über das offensichtlich schwierige Thema. Die Triangel besteht dann aus drei Elementen, Ihnen, dem Kind und dem, womit Sie sich beschäftigen. Wenn beide sich gemeinsam mit etwas Drittem beschäftigen und sich auf dieses Dritte hin praktisch orientieren, dann findet die Begegnung nicht unmittelbar von Angesicht zu Angesicht statt. Und doch geschieht etwas zwischen den beteiligten Menschen. Die Verbindung wird in der Triangel leichter und manchmal dadurch überhaupt erst möglich. Ein Gespräch bei einem gemeinsamen Handeln zu führen, kann deswegen für manche Eltern und für manche Kinder die passende Form sein.

Manchmal kommt ein Kind »so mal eben zwischendurch« und fragt die Mutter oder den Vater: »Was ist denn los, was ist ein Krieg? Warum kämpfen die?« Wenn solche und ähnliche Fragen gestellt werden und Sie selbst in dem Moment nicht bereit und konzentriert genug sind, auf die Fragen einzugehen, dann sagen Sie: »Ich rede gerne mit dir darüber, aber lieber in einer halben Stunde. Da nehme ich mir die Zeit.«, oder »Lass uns sprechen, wenn ich die Einkäufe eingeräumt habe.« Sorgen Sie dafür, dass Sie selbst eine gute Umgebung haben und den auch für Sie passenden Zeitpunkt bestimmen.

In Familien über Krieg und Kriegsfolgen zu reden, wirft manchmal die Frage auf, wie mit den Geschwistern umzugehen ist, wenn es mehrere Kinder in der Familie gibt: »Sollen wir mit den Kindern gemeinsam reden oder lieber einzeln?« Die Beantwortung hängt davon ab, wie groß der Altersunterschied der Geschwister ist. Wenn die Fähigkeit, sich mit dem Thema zu beschäftigen, ähnlich gelagert ist, und wenn beide oder alle ein ähnliches Interesse zeigen, kann gemeinsam über die Fragen rund um einen Krieg gesprochen werden. Sind die Unterschiede groß, sollten Sie den Kindern das Gespräch eher einzeln anbieten. Wahrscheinlich sind aber für diese Entscheidung andere Gesichtspunkte wichtiger, die eher in den jeweiligen Persönlichkeiten und Temperamenten der Kinder liegen und in der Art, wie sich die Geschwister umeinander kümmern und sorgen, ob sie sich grundsätzlich gut verstehen.

5.2 »Ich war zuerst hier« – In der Kita

Auch im Kindergarten und in der Kita sollten Sie, wenn das Thema ansteht, möglichst den Ort und die Zeit mit Bedacht auswählen. Überlegen Sie, ob Sie das Gespräch allein führen oder zusammen mit einer Kollegin oder mit einem Kollegen. Planen Sie, ob Sie Hilfsmaterialien hinzuziehen wollen, zum Beispiel ein Kinderbuch, oder ob Sie eine Geschichte erzählen wollen. Zum Beispiel diese:

> »In einem Wald lebten einmal zwei Zwerge ganz nah zusammen. Der eine war groß und kräftig und sammelte ganz viele Vorräte in seiner Höhle. Auch der kleinere Zwerg bereitete sich auf den Winter vor und sammelte Nüsse und Früchte, damit er sich im Winter gut würde ernähren können. Beide Zwerge hatten manchmal Streit, wenn sie die Nüsse am gleichen Baum aufsammelten. Der größere sagte dann oft: ›Ich war zuerst hier!‹ Manchmal stimmte das, aber oft stimmte das nicht. Er wollte dem kleinen Zwerg verbieten, dort auch Nüsse zu sammeln. Der aber fand das ungerecht.
> Eines Tages nahm der große Zwerg einen Knüppel und begann, den kleinen Zwerg zu hauen. Er wollte ihm seine Nüsse wegnehmen. Der verteidigte sich, hatte aber wenig Chancen, weil der große Zwerg einfach größer war. Der große Zwerg und der kleine Zwerg kämpften nun miteinander, es war Krieg …«

Mit einer solchen Geschichte kann den Kindern zum Beispiel erklärt werden, wie es zu einem Krieg kommen kann. Danach ist es möglich, mit ihnen zu besprechen, wie es nun weitergehen könnte. Manche Kinder werden vorschlagen, dass sie oder andere kleine Zwerge dem kleinen Zwerg zu Hilfe kommen und sie gemeinsam den großen Zwerg zwingen könnten, mit dem Kampf aufzuhören und dem kleinen Zwerg seine Vorräte zu lassen.

Wenn in der Kita über Krieg geredet wird, ist es oft sinnvoll, die Gruppe zu teilen. Wie bereits erwähnt, haben manche Kinder großes Interesse an dem Thema. Sie haben von den Eltern oder in anderen Situationen etwas von dem Krieg mitbekommen und wollen darüber reden. Ihr Gerechtigkeitssinn ist angesprochen, sie sind empört, oder es gibt andere Motivationen, darüber zu sprechen. Andere Kinder sind am Thema Krieg eher wenig interessiert, manche sind vielleicht sogar bewusst desinteressiert oder albern herum, weil sie ihre Ängste nicht zulassen wollen oder das Thema abwehren. Dann ist es gut, die Gruppe zu teilen.

> Eine Erzieherin fragt die Gruppe: »Einige von euch haben mir gesagt, dass sie über den Krieg reden wollen. Das mache ich gerne. Wer das nicht will, kann mit Nurhan nebenan spielen. Wer reden will, bleibt bei mir.«

5.3 »Heute wieder Ukraine-Pause?« – In der Schule

Auch in der Schule ist es oft sinnvoll, die Klasse zu teilen. Es gibt verschiedene Möglichkeiten dafür. Eine Lehrerin erzählt:

> »Ich habe meine Kollegin gebeten, mit in den Unterricht zu kommen. Wir sind in der Grundschule, und ich habe gemerkt, dass es drei unterschiedliche Gruppen von Schülerinnen und Schülern gibt. Die einen sind sehr daran interessiert, über das Thema zu reden, weil sie viel davon mitbekommen haben und sie das sehr aufwühlt. Andere sind desinteressiert und wieder andere ziehen das Thema ins Lächerliche, auch die Ängste vor einem Atomkrieg. Anscheinend ist es so, dass sie über Angst nicht reden können oder wollen und dass sie deswegen alles abwehren und darüber lachen. Oder sie machen Späße, die andere Kinder gar nicht lustig finden. Ich habe deswegen meine Klasse geteilt und diejenigen gebeten, mit mir im Klassenraum zu bleiben, die darüber reden wollen, während die anderen mit meiner Kollegin etwas anderes machen.«

Eine andere Kollegin hat eine Ukraine-Pause eingeführt:

> »Ich habe die Kinder, die über den Krieg reden wollen, eingeladen, in der Pause bei mir zu bleiben und sich mit mir gemeinsam damit zu beschäftigen. Die anderen Kinder konnten in die Pause gehen und machen, was sie wollten. Das wurde sehr gut angenommen. Wir machen jetzt jede Woche dazu ein Treffen, immer am gleichen Tag und in der gleichen Pause«.

In welcher Form diese Teilung, wenn sie notwendig und sinnvoll ist, geschieht, das werden Sie wissen, und das hängt von den Möglichkeiten in der jeweiligen Schule ab.

Dass die Beschäftigung mit dem Krieg je nach Alter in unterschiedlicher Art und Weise erfolgen sollte, ist selbstverständlich. **Je älter die Kinder sind, desto informativer und konkreter kann die Beschäftigung mit dem Thema Krieg erfolgen.**

Fragen zur Reflexion

- Welchen unterschiedlichen Umgang mit Krieg und Kriegsfolgen haben Sie bei den Kindern beobachtet?
- Welche Gründe könnten Kinder haben, die sich nicht mit dem Thema beschäftigen wollen?
- Kommt Ihr Kind auf Sie zu, wenn es Sorgen hat, oder müssen Sie als Bezugspersonen behutsam auf es zugehen, um etwas über seine Ängste zu erfahren?
- Ist es für Sie und Ihr Kind einfacher, eine Triangelform zu finden, um miteinander ins Gespräch zu kommen? Welche Erfahrungen haben Sie damit gemacht?
- Gibt es Kinder, an die Sie schwer »herankommen«? Wie können Sie ihnen helfen, sich zu öffnen?
- Welche Anregungen wollen Sie aufgreifen?

KAPITEL 6

Die Weisheit der Kinder

Wenn wir mit Kindern über Kriege reden, ist es beachtlich, wie viel Kinder erfassen. Ich bin immer wieder überrascht, wie sehr sich Kinder mit Themen beschäftigen, die mit Kriegen zusammenhängen, wie klug sie nachdenken, wie intensiv sie sich engagieren und welche Verknüpfungen sie zu eigenen Erfahrungen herstellen. Darin zeigt sich die Weisheit der Kinder, wie ich es nenne.

> Eine Großmutter holt ihr sechsjähriges Enkelkind vom Kindergarten ab. Beim Einsteigen in das Auto fragt die Enkelin: »Oma, warum werfen die im Krieg Bomben?« Die Großmutter ist überrascht, weil sie nicht damit gerechnet hat, dass ihre Enkelin sich schon in diesem Alter darüber Gedanken macht. Sie antwortet, so gut sie kann.

Wie ich schon mehrmals betont habe, ist die Neugier der Kinder groß. Sie interessieren sich für das, was sie und ihre Welt betrifft, und dazu gehört auch die Frage von Krieg und Frieden.

> Ein anderes Kind, acht Jahre alt, fragt die Eltern beim Abendessen: »Warum gibt es nicht immer Frieden? Das wäre doch so einfach.«

Auch hier sind die Erwachsenen überrascht von der so einfach klingenden und doch so schwierig zu beantwortenden Frage ihres Sohnes.

Kinder sind auch sehr engagiert. Ein zwölfjähriges Kind mit Entwicklungsverzögerungen und einem geistigen Handicap versteht wenig, wenn in der Schule über Krieg diskutiert wird. Doch der Junge merkt, dass es da Menschen in Not gibt, vor allem Kinder. Er selbst muss noch Windeln tragen und spendet einige seiner Windeln. Er bringt sie mit in die Schule, damit sie ukrainischen Kindern, die geflohen sind, geschenkt werden. Er sagt: »Windeln braucht man doch immer, auch wenn man woanders ist.« Die Lehrerin lobt ihn.

Ein anderes Beispiel:

> Eine Ferienaktion auf dem Schulgelände während der Osterferien wird abgesagt, weil in dem Nebengebäude ukrainische Flüchtlingskinder und ihre Mütter untergebracht werden sollen. Martina ist zehn Jahre alt. Sie bedauert die Absage, findet es aber gut, dass den geflüchteten Menschen geholfen wird. Sie überlegt mit ihrer Mutter, was sie den Kindern schenken kann. Sie kaufen drei weiße Mützen und bemalen sie mit Textilfarbe in den ukrainischen Nationalfarben blau und gelb. Maria bringt sie zur Schule und schenkt sie einigen der Kinder. Als sie zurückkommt, erzählt sie der Mutter: »Denen geht es so wie damals mir. Ich bin ja vom Jugendamt aus meiner alten Familie weggeholt worden. Aber dann bin ich Gott sei Dank ganz schnell zu euch gekommen in meine neue Familie. Denen geht das auch so, die mussten weg, und jetzt wissen sie nicht, wohin. Die haben noch nicht das Glück, dass sie zu jemandem wie euch kommen können.«

Die Fähigkeit vieler Kinder, Verbindungen zu ihrer eigenen Situation und zu ihren eigenen Erfahrungen herzustellen, überrascht mich immer wieder. Kinder versuchen, das, was für sie unbegreifbar und oft auch unvorstellbar ist, einzuordnen und zu verstehen, indem sie es mit eigenen Erfahrungen und Erlebnissen verknüpfen. Das gelingt nicht immer, aber es gelingt oft, sehr oft.

Die Weisheit der Kinder[5] umfasst noch einen weiteren Aspekt, der für den Zugang zu Kindern sehr bedeutsam ist. Kinder schaffen

---

5 Baer, U. (2018). *Die Weisheit der Kinder. Wie sie fühlen, denken und sich mitteilen.* Stuttgart: Klett-Cotta.

es, wenn sie leiden, aber dafür keine Worte haben, dieses Leiden in uns Erwachsenen hervorzurufen. Ein Beispiel:

> Ein Lehrer ärgert sich zunehmend über seinen achtjährigen Schüler. Sven bockt, er lässt den Lehrer auflaufen, reagiert nicht auf seine Fragen oder sonstigen Äußerungen, so dass der Lehrer zunehmend wütend wird. Er lässt seine Wut nicht bei Sven aus, sondern redet darüber mit einer Kollegin. Die Kollegin meint: »Wenn man wütend auf ein Kind ist, kann das auch ein Hinweis darauf sein, dass das Kind selber wütend ist, aber nicht weiß, wohin mit diesem Gefühl.« Der Lehrer nimmt sich das zu Herzen und führt ein Einzelgespräch mit Sven. Er fragt ihn, ob es sein kann, dass Sven wütend ist. Selbstverständlich erst, nachdem er ihm von seinen vergeblichen Bemühungen, an Sven heranzukommen, und seine Beobachtungen erzählt hat. Zu seiner Überraschung sagt Sven auf seine Frage nach der Wut schlicht und einfach: »Ja!« Der Lehrer fragt nach, worüber er sich denn konkret ärgert oder wütend sei. Sven beginnt erst stockend, dann immer schneller zu erzählen, dass es in seinem Wohnhaus seit einiger Zeit einen Nachbarsjungen gibt, der mit seiner Familie aus Syrien geflohen ist vor dem Krieg. Und dieser Junge hat ihm einige Sachen erzählt, die ihn so fassungslos und wütend machen, »dass ich am liebsten alles kurz und klein schlagen möchte, vor allen Dingen die Leute, die das den Menschen dort antun«.

Sven hat keine Worte für seine Wut. Er weiß nicht, wohin mit seinem Zorn. Also zieht er sich zurück und lässt alle anderen auflaufen. Darüber gelingt es ihm, die Gefühle, die er selber nicht zeigen und ausleben kann und für die er keine Worte hat, in seinem Lehrer hervorzurufen. Das ist ein wichtiger Aspekt der Weisheit der Kinder. Wie auch immer es den Kindern gelingen mag, sind sie oft erfolgreich darin, solche Gefühle, die sich den Worten entziehen, oder für die sie noch keine Worte haben, in anderen Menschen hervorzurufen. Ein weiteres Beispiel:

Melanie ist dreizehn. Seit einigen Wochen macht sie keine Hausaufgaben mehr und bekommt immer schlechtere Noten in der Schule. Die Eltern versuchen, mit Melanie zu reden, hören aber nur ausweichende Antworten. Die Mutter beginnt sich zu schämen und weiß nicht, warum. Da sie mich aus Beratungszusammenhängen kennt, erzählt sie mir von ihrer Scham und von ihrer Tochter, ich kenne sie aus anderen Zusammenhängen. Ich gebe ihr den Tipp, doch zu versuchen, mit ihrer Tochter über die Scham zu reden: »Vielleicht hat ja Ihre Scham auch etwas mit den Schamgefühlen Ihrer Tochter zu tun.« Ich schlage ihr vor, die Tochter nicht nach deren Scham zu fragen – das könnte beschämend sein –, sondern davon zu erzählen, wie sie sich selbst als Dreizehnjährige geschämt hat und wie sie damit umgegangen sei. Die Mutter erzählt also ihrer Tochter davon, wie sie sich als Dreizehnjährige wegen ihrer Pickel, ihres Aussehens, ihrer Unbeholfenheit, ihrer schwankenden schulischen Leistungen und vielem anderem mehr geschämt hat. Da beginnt die Tochter zu erzählen, dass sie sich auch schämt. Die Mutter fragt nach und ist interessiert. Die Tochter berichtet, dass sie in der Schule über die Kriege und den Hunger in Afrika geredet haben: »Ich schäme mich seitdem, dass es uns so gut geht, dass wir so gut zu essen haben und Kleidung und alles und dass ich mir Sorgen mache, dass ich zu dick bin und dass wir uns in der Klasse über Diäten unterhalten …« Die Mutter ist sehr überrascht und gleichzeitig froh, dass ihre Tochter ihr auf diesem Weg von ihrer Scham erzählen konnte. Sie unterhalten sich darüber, dass die Familie und auch die meisten Menschen in Deutschland gegenüber vielen Menschen in Afrika, die im Krieg leben müssen, sehr privilegiert sind. Die Mutter meint aber: »Wir müssen trotz aller Solidarität und allem Mitgefühl hier unser Leben genießen und uns glücklich schätzen. Wir haben auch ein Recht darauf, unsere Sorgen und Probleme hier ernst zu nehmen. Und wir sollten gleichzeitig alles dafür tun, den Menschen dort zu helfen«. Wie sie dazu beitragen können, darüber wird das Gespräch später im größeren Familienkreis fortgesetzt …

Auch in diesem Beispiel war die Tochter auf irgendeine Weise in der Lage, ihr Gefühl, für das sie keine Worte hat, die Scham, bei der Mutter hervorzurufen. Die Schlussfolgerung aus solchen und vielen anderen Erfahrungen liegt für mich darin, dass wir Erwachsene die Gefühle, die Kinder und Jugendliche in uns hervorrufen, ernst nehmen sollten. Nicht nur, weil wir uns das selber schuldig sind, mit unseren Gefühlen würdigend und achtsam umzugehen, sondern auch, weil diese Gefühle ein Hinweis darauf sein können, welche Gefühle in den Kindern jeweils verborgen sind. Das muss nicht immer der Fall sein, aber es ist eine Spur, gerade wenn wir unsicher sind und Schwierigkeiten haben, mit den Kindern ins Gespräch zu kommen.

Fragen zur Reflexion

- Welche Kinderfragen haben Sie überrascht?
- Haben Sie Gefühle oder Empfindungen in sich gespürt, die auch Gefühle oder die Haltung eines Kindes sein können?
- Welche Erfahrungen haben Sie damit gemacht, dies aufzugreifen?
- Welche Situationen kennen Sie, in denen ein Kind keine Worte für da findet, was es bewegt?
- Kennen Sie solche Situationen aus Ihren eigenen Erfahrungen als Kind?
- Für welche unausgesprochenen Gefühle von Kindern sind Sie besonders empfänglich?

KAPITEL 7

Vom Umgang mit den eigenen Gefühlen

Gefühle sind immer auch soziale Regungen. Ein Kind spürt ein Gefühl, auch wir Erwachsene haben Gefühle, die ein Krieg und seine Folgen in uns auslöst. Die Gefühle beider Beteiligten beeinflussen einander und wirken auf die Beziehungen zwischen den beteiligten Menschen. Deshalb ist es wichtig, nicht nur auf das zu schauen, was Kinder bewegt, sondern auch auf das, was wir Erwachsene fühlen.

7.1 »Was, wenn der Krieg zu uns kommt?« – Eigene Ängste

Kriege machen Angst. Nicht nur Kindern, sondern auch uns Erwachsenen.

> »Ich fürchte, dass der Krieg auf Polen und Deutschland übergreift. Ich rede schon mit meiner Familie darüber, was wir dann tun sollen, ob wir fliehen sollen und wohin. Ja, ich habe schon überlegt, was ich mitnehme …«

> »Ich habe Angst, dass es einen Atomkrieg gibt. Ich war als junger Mensch aktiv gegen den Nato-Doppelbeschluss, gegen die Atombewaffnung. Das kommt jetzt alles wieder hoch, was wir damals befürchtet haben.«

Wenn Sie Angst haben und Sorgen, dass ein Krieg übergreifen könnte, dann ist das auf keinen Fall unnormal. Das gilt auch, wenn diese Angst nicht so konkret zu benennen ist und Sie trotzdem von der Furcht und der Verunsicherung anderer Menschen angesteckt werden. **Kriege sind lebensbedrohlich. Angst davor zu haben, ist eine menschliche Regung.** Sie zeigt auch, dass Sie Mitgefühl haben, dass Sie möglicherweise sogar mitleiden mit den Betroffenen, mit den Opfern des Krieges beziehungsweise der Kriegshandlungen.

Es ist gut, diese Gefühle nicht vor den Kindern zu verbergen. Kinder brauchen Vorbilder. **Wenn Sie Ihre eigenen Ängste verbergen, lernen Kinder von Ihnen, dass auch Erwachsene keine Angst haben dürfen.** Angst gehört aber zu den Gefühlen, deren Sinn und Notwendigkeit ich schon beschrieben habe. Es ist deshalb wichtig, dass Kinder Vorbilder haben und sich an Vorbildern orientieren, die zeigen, dass sie ihre Gefühle teilen. Kinder brauchen Menschen, die ihnen vermitteln, dass sie sich erlauben dürfen, ihre Ängste zu leben und zu zeigen. Also nutzen Sie alle Möglichkeiten, sich mit anderen Erwachsenen über Ihre Ängste auszutauschen und verwenden Sie die wunderbaren Möglichkeiten des *Und*: »Ja, ich habe auch Angst, *und* ich tue alles dafür, dass wir sicher sind«. Für Sie selbst gilt alles, was ich auch für die Kinder gesagt habe. Es ist wichtig, dass wir Erwachsene Mitgefühl spüren und damit auch offen sind für unsere eigenen Ängste. Und es ist notwendig, immer wieder sich zu vergewissern, dass man sich selbst nicht im Krieg befindet. Ich bin solidarisch, fühle mit den Opfern mit, *und* ich bin ein anderer Mensch, eine andere Person in einer anderen Situation.

Wenn Sie Angst haben, tun Sie all das, was Ihnen guttut, was Ihnen auch sonst gegen Ängste hilft. Eine Familie erzählt:

> »Wir haben beide viel Angst bekommen, als der Krieg ausbrach. Wir sind ja nun schon älter, und als wir jung waren, hatten wir Freunde aus Kroatien. Die waren direkt in die Kämpfe verwickelt. Wir haben sie aufgenommen, als sie fliehen mussten. Gegen unsere Angst hat geholfen, dass wir solidarisch waren, dass wir Hilfsmittel für die Kriegsopfer gesammelt haben. Wir haben Ärzte gefragt und Ärztinnen, ob sie Medikamente übrig haben. Wir haben Apotheken abgeklappert und sind dann mit einem

> VW-Bulli nach Kroatien gefahren, um das dort den Menschen zur Verfügung zu stellen. Dabei hatten wir auch Angst, aber das war eine andere Angst, die war irgendwie konkret, und wir waren nicht nur ausgeliefert. Wir waren nicht nur Opfer und nicht nur hilflos. Wir konnten etwas tun, und das war gut. Daran haben wir uns erinnert, als es dann mit der Ukraine losging und haben auch dort wieder eine Hilfsaktion gestartet. Und das hat uns allen geholfen, auch den Kindern, die mitgemacht haben, und den Enkeln, die das mitbekommen haben und auch mit unterstützt haben«.

In Kriegssituationen haben viele Menschen zu Recht Angst, für die »große Würde« einzutreten, oder es ist ihnen verwehrt, wie in den russisch besetzten Gebieten in der Ukraine. Als »große Würde« bezeichne ich den Frieden zwischen den Völkern und die Menschenrechte. Wenn jemand nicht für die große Würde eintreten kann, aus welchen Gründen auch immer, empfehle ich, für die »kleine Würde« einzutreten und in ihrem Interesse zu handeln. Wer nicht Medikamente ins Kriegsgebiet bringen kann, ist vielleicht in der Lage, einen Spendenbasar zu organisieren, der kranken Nachbarin zu helfen, ein Tier zu unterstützen, mit Kindern zu singen oder andere Aktivitäten zu unternehmen, die andere Menschen würdigen. Die kleine Würde wird auf diese Weise groß und hält die Sehnsucht nach der großen Würde am Leben. Auch die kleine Würde führt aus der Ohnmacht und frisst die Angst.

Für Kinder wie für Sie als Erwachsene gilt der Leitsatz: Ängste, vor allem existenzielle Ängste können wir Menschen nicht allein bewältigen. Wir brauchen andere Menschen. Wir brauchen Gespräche und einen Schulterschluss, Halt, Solidarität und Geborgenheit.

7.2 »Ich fürchte mich doch selbst so« – Wenn die eigene Angst zu groß ist

Manchmal ist die eigene Angst so überwältigend, dass es gar nicht gut möglich ist, mit Kindern darüber zu reden. Es verschlägt einem die Sprache. Eine Lehrerin erzählt:

> »Ich unterrichte an einer Grundschule in der dritten Klasse. Die meisten Kinder wollten über den Krieg in der Ukraine reden. Irgendwie konnte ich das nicht, mir kamen sofort die Tränen. Ich hatte vorher Bilder gesehen und mit einer Freundin telefoniert, die eine Mutter und ein Kind aus der Ukraine aufgenommen hatte. Sie hatte mir erzählt, was diese Menschen durchgemacht hatten, und das war zu viel für mich. Ich habe dann den Kindern gesagt, ich kann heute nicht, vielleicht kann das eine Kollegin machen, oder ich mache das in den nächsten Tagen. Ich weiß nicht, ob das richtig war. Ich wollte die Kinder aber auch nicht im Stich lassen. Wenn sie schon daran Interesse haben und besorgt sind, muss ich doch für sie da sein. Aber irgendwie war ich heute Morgen fix und fertig.«

Die Lehrerin hat richtig gehandelt. Wenn Sie zu ängstlich oder aus anderen Gründen zu aufgewühlt sind, um mit Kindern über einen konkreten Krieg wie den in der Ukraine zu sprechen, dann müssen Sie dies auch nicht tun. **Es ist wichtig, die Kinder ernst zu nehmen, aber es ist genauso wichtig, dass Sie sich selbst ernst nehmen.** Was die Lehrerin getan hat, war gut. Sie hat gefragt, ob eine andere Kollegin das Gespräch übernehmen kann, und sie hat dann, weil es gerade nicht möglich war, den Kindern zugesagt, sich in der Woche darauf Zeit dafür zu nehmen und alle ihre Fragen zu beantworten. Kinder dürfen mit solchen Anliegen nicht ins Leere gehen. Also es ist wichtig, nach Alternativen zu suchen, wenn man selbst nicht dazu in der Lage ist, das Gespräch zu führen. Nicht jedes Thema muss sofort zum erstmöglichen Zeitpunkt besprochen werden.

Wichtig ist, dass Sie Ihre eigene Angst ernst nehmen und schauen, was Ihnen guttut. »Würdigen, was ist« – das ist das Motto. Nur wenn Sie akzeptieren, dass Sie Angst haben, können Sie die Angst vermindern. Wenn Sie Ihre eigenen Ängste leugnen, kommt sie immer wieder aus ihrem Versteck hervor und kann Sie überwältigen. Zum Umgang mit eigenen Ängsten können folgende Hinweise helfen:

- Überlegen Sie, bei wem Sie Halt finden können. Das sollten dann nicht Kinder sein, sondern andere Erwachsene, die Sie kennen und denen Sie vertrauen. Wenn die eigene Angst zu groß wird, brauchen Sie Schutz und Geborgenheit, auch Unterstützung von anderen Menschen, die Ihnen Sicherheit und Halt geben. Reden Sie mit diesen Menschen. Wenn Ängste nicht geteilt und besprochen werden, neigen sie dazu, zu wachsen und maßlos zu werden.
- Oft hilft es auch, sich körperlich zu bewegen, spazieren zu gehen, Sport zu treiben oder sich etwas Gutes zu kochen und das Essen zu genießen. Damit gehen Sie auf eine andere Ebene des Verhaltens und Erlebens, anstatt auf der Ebene der Gefühle zu bleiben. Damit sollen Ihre Gefühle nicht weggeschoben werden, sondern es soll Ihnen die Möglichkeit geben, die Intensität der Angst zu reduzieren.
- Auch Erwachsene brauchen Trost. Nicht nur die Kinder, auch Eltern, auch Erzieher:innen, auch Lehrer:innen. Überlegen Sie: Was kann Sie trösten? Sicherlich haben Sie nicht nur Erfahrung damit, wie Sie Kinder trösten, sondern auch, wie Sie als Kind getröstet worden sind. Wenn Sie zu wenig getröstet worden sind oder gar kein Trost erfahren haben, dann überlegen Sie bitte: Welchen Trost hätten Sie gebraucht?
- Gönnen Sie sich Atempausen. Angst macht eng, Angst schnürt manchmal den Hals oder den Brustkorb zu. Angst verringert die Fähigkeit, gut und tief zu atmen. Gönnen Sie sich Atempausen. Das gelingt auch ohne Zigaretten: Atmen Sie drei-, vier-, fünfmal tief ein und aus. Sie können dabei die Hand auf Ihr Herz oder Ihren Bauch legen, wenn Ihnen das angenehm ist. Wichtig ist, dass Sie sich wenigstens für ein paar Sekunden auf sich und Ihren Atem konzentrieren.

- Wo ist Ihr sicherer Ort? Gibt es in der Kita, in der Schule, in Ihrer Wohnung einen Ort, an dem Sie sich besonders sicher und geschützt fühlen? Eine Stelle, an der Sie trotz all dem, was Sie verunsichert, Ruhe und Gelassenheit finden können? Probieren Sie aus, an einen solchen Ort zu gehen, überprüfen Sie, ob es dort stimmig ist und ob dies ein sicherer Ort für Sie ist oder eher nicht. Wenn nicht, dann suchen Sie einen anderen Ort. Seien Sie genau, seien Sie sorgfältig und achtsam.
- Welche Musik kann Ihnen Sicherheit geben? Welche Musik ist Ihr Angstfresser? Probieren Sie verschiedene Musikstücke, die Ihnen einfallen und gönnen Sie sich auch zwischendurch, Ihre persönliche Angstfresser-Musik das ein oder andere Mal zu hören, um Ihre Angst zu reduzieren.
- Singen Sie! Auch – oder gerade dann –, wenn Sie überzeugt sind, nicht singen zu können. Sie können Lieder singen, die Sie kennen. Sie können Lieder, die Sie hören, mitsingen. Sie können auch ihre eigene »Arie« summen, flüstern oder kreischen; besingen Sie Ihre Angst, erfinden Sie spontan Liedtexte aus dem Moment und aus dem Herzen heraus. Überraschen Sie sich selbst.
- Was sind Ihre Fallen? Jeder Mensch hat bestimmte Fallen, die die eigenen Ängste und Unsicherheiten vergrößern, wenn man in sie hineintappt. Meistens funktionieren diese Fallen unbewusst, ohne dass man darüber nachdenken muss, weil sie sich in dem bisherigen Leben als selbstverständlich entwickelt und eingehaust haben. Eine Falle könnte zum Beispiel darin bestehen, dass Sie gelernt haben, alles mit sich allein ausmachen zu müssen. Viele Menschen glauben, sie müssten stark sein und dürften keine Angst haben. Sie denken, die Überwindung der Angst sei nur eine Frage des Willens. Das ist sie aber nicht! Ängste sind starke Gefühle und Ängste, die durch Krieg und Kriegsfolgen hervorgerufen werden, sind durch Willenskraft allein nicht zu bewältigen oder gar abzustellen. Wir Menschen sind soziale Wesen. Wir brauchen Umgebungen, die uns schützen, die uns Geborgenheit verschaffen, in denen wir Sicherheit und Halt finden. Diese Umgebungen sind Orte und vor allem andere Menschen. Wer seine

Ängste nur allein bewältigen möchte, um Stärke und Unabhängigkeit zu zeigen, wird deshalb auf Dauer scheitern. Vielleicht kennen Sie noch andere Fallen, die Ihre Ängste betreffen. Vielleicht lösen angstmachende Filme oder Nachrichten bei Ihnen eine Art Sogwirkung aus, indem Sie sie sich immer wieder anschauen, um dann anschließend, vor allem nachts, von Ihren Ängsten geplagt zu werden. Vielleicht gibt es andere Fallen. Denken Sie darüber nach und reden Sie mit anderen Menschen darüber.

Wenn Sie zu Panikattacken neigen, werden Sie wissen, was Ihnen in der akuten Situation hilft, woraus Ihr individueller Notfallkoffer besteht. Vielleicht aus einer Musik, die Sie hören, einer Atemübung, einem Anruf bei Freund oder Freundin … Das Gegenteil von Panik ist meistens das Vertrauen. Deswegen ist es gut, sich zu fragen, worin Sie sich selbst vertrauen können. Was ist Ihnen in Ihrem Denken, Fühlen, Handeln sicher? Wie können Sie ihr Selbstvertrauen stärken oder wiedergewinnen, wenn es brüchig geworden ist? Und am wichtigsten: Wem können Sie sich anvertrauen?

7.3 »Oma, was ist denn los?« – Die Ängste der Großeltern

Viele Großeltern haben den zweiten Weltkrieg erlebt, zumindest das Ende des Krieges oder die Nachkriegszeit. Meistens waren sie damals noch Kinder, und manche denken, dass sei doch schon so lange her, und sie hätten als Kinder kaum etwas mitbekommen. Doch auch Kinder haben traumatische Erfahrungen machen müssen – auf der Flucht, im Bombenkeller, unter Beschuss oder durch Hunger und andere Nöte. Wenn die Angehörigen dieser Generation dem Schrecken eines Krieges wieder begegnen, sei es durch Zeitungsberichte, Fernsehnachrichten oder durch das Internet, dann werden die Kriegsängste wieder lebendig. **Selbst wenn die Großeltern damals noch so klein waren, dass sie aus ihrer Lebenszeit als Ein- oder Zweijährige keine bewuss-**

ten Erinnerungen mehr haben, hat sich der Schrecken des Krieges in ihrem Erleben eingefräst und wird durch neue Kriegsbilder und Kriegsgeräusche wieder aktiviert.

Die Urgroßeltern von Arthur sind 82 und 84 Jahre alt. Als sie die Bilder von Flüchtenden im Fernsehen sehen und die zerbombten Hausruinen, werden sie unruhig. Sie sprechen darüber, wohin sie fliehen sollen – wie damals als kleine Kinder auf dem Pferdewagen aus Schlesien. Sie bekommen Angst und fangen an, Vorräte einzukaufen. Arthur bekommt ihre Angst mit und versteht nicht, was los ist. Seine Eltern versuchen, ihm zu erklären, was in den Großeltern vorgeht.

Wir Menschen verfügen über ein besonderes Organ im Gehirn: die Amygdala, auch Mandelkern genannt. Die Amygdala ist ein besonderer Teil des limbischen Systems, in dem unser menschliches Gefühlsleben seinen Ausdruck findet. Die Amygdala ist dafür »zuständig«, uns Menschen vor existenziellen Gefahren zu warnen. Jede Information, jeder Sinneseindruck, der dem Gehirn zugänglich ist, wird auf mögliche Anzeichen für eine existenzielle Bedrohung hin überprüft.

Die Amygdala ist in den Zeiten entstanden, als die Vorfahren der Menschen noch gegen Säbelzahntiger und andere Bedrohungen zu kämpfen hatten. Wenn es einen Geruch oder ein Geräusch gab, das auf ein Raubtier hindeutete, dann übernahm sofort die Amygdala das Kommando, um zu kämpfen oder zu fliehen. Damals wie heute wurde und wird Adrenalin ausgeschüttet. Die Blutzirkulation konzentriert sich auf Herz und Lunge und andere lebenswichtige Organe, die zum Kämpfen oder Fliehen vorrangig gebraucht werden. Anzeichen, die die Amygdala wahrnimmt und die auf existenzielle Bedrohungen hindeuten können, werden Trigger genannt. Die Großeltern von Arthur werden getriggert. Sie hören ähnliche Geräusche wie damals im Krieg, den sie als Kinder erlebt haben. Sie sehen flüchtende Menschen im Fernsehen, und über ihre Amygdala wird die bedrohliche Situation der eigenen Flucht wieder lebendig.

Oft müssen diese Menschen nicht unmittelbar selbst die Schrecken des Krieges erfahren haben. Es reicht, wenn sie Zeug:innen waren. Manchmal haben sie als Nachkriegsgeneration auch traumatisierende Erfahrungen und deren Folgen von ihren Eltern übernommen, die den Kriegserfahrungen unmittelbar ausgesetzt waren. Gerade, wenn Eltern nie über den Krieg sprechen, spüren die Kinder die Folgen, vor allem die Ängste und den Schrecken. So etwas kann bei neuen Kriegserfahrungen reaktiviert werden, und deswegen erleben wir bei vielen Menschen der älteren Generation, dass die Kriegsängste sehr lebendig werden und die Bedrohung so erscheint, als wäre sie jetzt real vorhanden.

Auch die Generation der Nachkriegskinder, also derjenigen, die nach dem Zweiten Weltkrieg oder in den 50er Jahren des letzten Jahrhunderts geboren wurden, kann ähnliche Verhaltensweisen und Gefühle zeigen wie die ihrer Eltern. In den Nachkriegsjahren wurde über traumatische Erfahrungen und existenzielle Ängste nicht gesprochen. Sie waren in den meisten Familien tabuisiert. Doch diese Kinder haben die Nöte ihrer Eltern mitbekommen. Gerade dadurch, dass darüber nicht gesprochen wurde, waren die Kinder besonders interessiert daran, die Sorgen der Eltern zu verstehen und zu erfassen. Sie richteten ihre Antennen in Richtung des Kummers und der Ängste aus. Dadurch haben viele Kinder genau die Traumafolgen mitbekommen, vor denen ihre Großeltern oder Eltern sie wahrscheinlich schützen wollten oder über die zu reden diese keine Möglichkeit fanden. Die Kinder dieser Nachkriegsgeneration haben oft das Nach-Erleben der Kriegstraumata übernommen, es wurde an sie weitergegeben. Sie spürten dann Ängste, ohne zu wissen, warum. Auch diese Ängste können nun Jahrzehnte später, wenn Kriegsbilder und -informationen auf die Menschen hereinstürmen, wiederbelebt werden, oft ohne dass das den Beteiligten bewusst ist. Traumafolgen können an nachfolgende Generationen weitergegeben werden.

Das kann ein Problem werden, aber es kann auch Chancen bieten. Problematisch ist es, wenn die starken Ängste der älteren Generation unverarbeitet an die Enkel oder Urenkel weitergegeben werden. Die Kinder von heute leben in einer anderen Situation als die Großeltern und sind oft überfordert von der Angst und dem Schrecken, die von manchen Menschen der älteren Generation ausgehen.

Die Chance besteht für die Erwachsenen darin, mit ihren Eltern und Großeltern über die traumatischen Erfahrungen des Krieges zu reden, sofern sie noch leben. Oft haben die Angehörigen der älteren Generation dafür keine Worte gehabt oder wollten ihre Kinder davor bewahren, ihre traumatischen Erfahrungen zu teilen. Das hat bei vielen Angehörigen der nächsten Generation eine Lücke hinterlassen. Diese Lücke wurde für manche ein schwarzes Loch, das Energie angezogen hat. Im Weltall sind schwarze Löcher nicht einfach »nichts«, sondern negative Energie, die andere Energie anzieht und ganze Sonnensysteme verschlingen kann. Auch das schwarze Loch der verschwiegenen und tabuisierten traumatischen Erfahrungen kostet viele Familien, viele Angehörige der nachfolgenden Generationen eine Menge Energie. Darüber sich zwischen den Generationen auszutauschen, kann Wunden heilen und Verständnis füreinander erwecken. Deswegen kann die Wiederbelebung traumatischer Kriegserfahrungen in der einen Generation für die jeweils nächste Generation eine Chance bieten, sich über die Erfahrungen auszutauschen und gegenseitig besser zu verstehen.[6]

Es ist notwendig, diesen Prozess der transgenerativen Traumaweitergabe und die daraus erwachsenen Folgen zu verstehen, um selbst Hilfe zu suchen und vor allem, um die Kinder und Enkel zu schützen. Denn diese sind schon genug damit beschäftigt, die aktuellen Kriegsinformationen zu verarbeiten. Wenn dann noch massive elterliche oder großelterliche Ängste dazukommen, wird dies zu viel und kann manche Kinder und Jugendliche überfordern.

---

6 Baer, U. & Frick-Baer, G. (2015). *Kriegserbe in der Seele. Was Kindern und Enkeln der Kriegsgeneration wirklich hilft.* Weinheim: Beltz.
Bode, S. (2004/2021). *Die vergessene Generation. Kriegskinder brechen ihr Schweigen.* Stuttgart: Klett-Cotta.
Bode, S. (2009/2021). *Kriegsenkel. Die Erben der vergessenen Generation.* Stuttgart: Klett-Cotta.

Fragen zur Reflexion

- Welche Assoziationen und Gefühle ruft der Krieg in Ihnen hervor?
- Wie gehen Sie mit diesen Gefühlen um?
- Wem vertrauen Sie? Wen können Sie ansprechen und um Unterstützung bitten?
- Welche Anregungen wollen Sie aufgreifen?

KAPITEL 8

»Ich schieß dich tot!« – Wenn Kinder Krieg spielen

Manche Erwachsene sind grundsätzlich dagegen, dass Kinder Krieg spielen oder miteinander kämpfen. Oft ist es schwierig, eine solche Haltung aufrechtzuerhalten, weil die Kinder ein großes Bedürfnis haben, das zu spielen, was sie interessiert und was sie bewegt. Deswegen spielen Kinder Konflikte und Kämpfe, Auseinandersetzungen und auch Krieg.[7]

Dabei sollten wir differenzieren. Nicht alle Kampfspiele sind Kriegsspiele. Kinder wollen sich oft mit anderen messen und ihre Stärke erproben. Wenn sie mit Leuchtschwertern aufeinander losgehen oder sich mit Schneebällen bewerfen, geht es um Stärke, um Gewinnen oder Verlieren, um sich zu vergleichen und sich dabei zu spüren. Das praktizieren Kinder zum Beispiel auch in sportlichen Wettkämpfen. Ich bezeichne das noch nicht als Kriegsspiel, sondern eher als Konflikt- oder Kampfspiel. Bei Kriegsspielen erscheint eine andere Qualität. Da geht es ums Überleben, um Sein oder Nicht-Sein. Manchmal bekommen auch harmlos erscheinende Kartenspiele oder ein Fußballspiel die Qualität eines Kriegsspiels.

Kampfspiele von Kindern sind Ausdruck eines Bedürfnisses. Sie beschäftigen sich damit, sich mit anderen zu vergleichen, sie fragen sich, wie stark sie sind usw. Nicht alle Kinder tun dies, aber viele. Das, was sie beschäftigt, wird im Spiel lebendig und sichtbar. Bei Kriegsspielen ist es ähnlich. Wenn Kinder Krieg spielen, zeigen sie damit, dass sie ein Krieg berührt und bewegt.

---

7 Hopf, H. (2019). *Jungen verstehen.* Stuttgart: Klett-Cotta.

Das kann für alle Kinder bedeutsam sein, bei Kindern aber, die Kriege erlebt haben, ist es nahezu immer bedeutsam. Flüchtlingskinder aus Syrien, dem Irak, Libyen oder Afghanistan haben Krieg erlebt und bringen ihn in ihre Spielwelten ein.

> Abdullah verwandelt jedes Holzstöckchen in ein Gewehr und schießt damit auf andere Kinder. Er spielt und ist gleichzeitig sehr ernst dabei. Die anderen Kinder sind fasziniert, und Abdullah macht einigen auch Angst. Die Lehrerin in der Grundschulklasse bemerkt das und erklärt den anderen, dass Abdullah Krieg erfahren hat und deswegen fast immer nur Schießen spielt. Mit Abdullah arbeitet sie daran, dass er das Holzgewehr beiseitelegt und »Kämpfchen« und Kräftemessen nur mit den Kindern macht, die mitmachen wollen, aber nicht mit den anderen. Auch auf dem Schulhof. Sie sucht nach Wegen, wie er über das Spielen hinaus seine Kriegserfahrungen bewältigen kann.

Kinder äußern das, was sie emotional beschäftigt, über das Spiel. Im Spiel verarbeiten sie ihre Gefühle und alles andere, was sie erleben, und drücken es aus. Im Spiel drücken sie ihre Not aus, ihre Angst, ihre Sorge, ihre Hilflosigkeit, aber auch das Gegenteil, all das, was sie für eine Lösung halten, die Macht und das Machen, die Stärke, die Kraft und den Sieg. Deswegen ist es kein generell schlimmes Anzeichen, wenn auch Kinder, die den Krieg nicht unmittelbar erlebt haben, Krieg spielen, sondern eher normal. Es ist ein Element in der kindlichen Entwicklung. Kinder, die den Krieg erlebt haben, brauchen aufmerksame Erwachsene, die im Kriegspielen den Ausdruck ihrer Erfahrungen und ihrer Not erkennen. Ich empfehle deshalb, Kriegsspiele von Kindern auch bei grundsätzlich pazifistischer Haltung zuzulassen. Dabei sollten selbstverständlich bestimmte Bedingungen erfüllt sein.

Wenn Kinder Krieg spielen, müssen sie wissen und akzeptieren, dass sie sich nicht gegenseitig verletzen dürfen. Dieses Spielen braucht einen sicheren Rahmen und Spielregeln, die Gefährdungen ausschließen. Wird es kritisch und droht das Spiel gefährlich zu werden, sollten Erwachsene einschreiten.

Drei Kinder spielen im Garten Krieg, zwei haben sich gegen den Dritten verbündet. Sie nehmen sich Stöcke und tun so, als würden sie aufeinander schießen. Doch dann beginnen sie mit den Stöcken wie mit Schwertern zu schlagen. Ein Kind wird getroffen und weint. Es hat sich wehgetan. Oder genauer: Die anderen haben ihm weh getan.

In solchen Situationen ist es notwendig, Stopp zu sagen, möglichst schon bei den ersten Anzeichen, dass es gefährlich wird. Wir Erwachsene brauchen das Vertrauen in unser frühzeitig erwachendes Empfinden für Gefahr und in unsere Haltung, was wir billigen und was uns zu weit geht. Wir sollten den Kindern darüber hinaus vorschlagen, auf eine andere Art und Weise zu spielen, zum Beispiel nicht mit Holzstöcken, sondern mit zusammengerolltem Zeitungspapier, oder mit zerknülltem Papier, das zu Schneebällen wird, die man werfen und mit denen man kämpfen kann. Manche Kinder können Kämpfe auch sehr gut mit Figuren spielen, die sie aus Knete, mit Lego, Playmobil oder anderem erstellt haben. Auch zu malen und Figuren auszuschneiden, die miteinander kämpfen, ist ungefährlicher, als mit Stöcken oder Steinen aufeinander loszugehen.

Oft sind Kinder im Spiel nicht allein, sondern andere Kinder sind beteiligt, zum Beispiel auf dem Schulhof oder in der Kita. Manche Kinder, die das Kriegsspiel mitbekommen, können sich über das, was dort passiert, erschrecken. Wenn Sie dies beobachten, sollten Sie einschreiten und die Kinder räumlich voneinander trennen. Mein Vorschlag ist, den »Kriegern« eine Ecke, einen definierten Raum im Schulhof oder in der Kita zuzuweisen, so dass ein anderer Raum für die anderen Kinder geschützt bleibt, die den Geräuschen und Bildern des Kriegsspiels nicht unmittelbar ausgesetzt sind. Wir werden sie nicht immer davor beschützen können, unfreiwillig Kriegsspiele mitzubekommen. Doch wir sollten es versuchen und allen Kindern erklären, was es mit Kriegen auf sich hat und vor allem, was es heißt, wenn manche Kinder »todernst« Krieg spielen.

Wenn Kinder Krieg spielen, ist dies eine gute Gelegenheit, sie dabei zu beobachten, um zu erkennen, was die Kinder aufwühlt und beschäftigt. Das kann ein Anlass sein, mit den Kindern darüber zu sprechen.

> Ansgar kämpft gegen seine Freunde. Sie haben zwei Kampf-Mannschaften gebildet und spielen Krieg. Als Ansgar bedrängt wird, beginnt er zu weinen und rennt weg. Es ist wie bei anderen Spielen auch: Ansgar kann nicht verlieren.

Wenn Kinder nicht verlieren können, so meine Beobachtung,[8] haben sie schon etwas anderes verloren und sind damit überfordert. Ansgars Eltern zum Beispiel haben sich zwei Jahre zuvor getrennt, und er leidet immer noch darunter, dass er den Vater nur noch sehr selten sieht.

Manchmal sind Kinder so im Kriegsspiel gefangen, dass sie damit nicht mehr aufhören können.

> Xaver war früher schon sehr kämpferisch, wenn er mit anderen Kindern spielte. Doch seit zwei Wochen kann er gar nicht mehr aufhören zu kämpfen. Er spielt Krieg, immer. Beim Essen, im Garten, im freien Spiel, immer und überall. Er »erschießt« andere und wird selbst getroffen. Er brüllt laut und will immer wieder andere Kinder mit in sein Kriegsspiel hineinziehen, auch die Erzieherinnen. Es wirkt so, als sei er in einen Film geraten, der in einer Endlosschleife läuft und aus dem er sich nicht mehr befreien kann.

Andere Kinder malen immer wieder Kriegsszenen, reden dabei vor sich hin und finden kein Ende.

---

8 Baer, U. (2018). *Die Weisheit der Kinder. Wie sie denken, fühlen und sich mitteilen.* Stuttgart: Klett-Cotta.

Der 13-jährige Pedro malt ununterbrochen Bilder vom Krieg. Kleine Figuren kämpfen miteinander mit Gewehren, mit Panzern, mit Flugzeugen und Bomben, braune Figuren gegen schwarze Figuren, dazwischen Explosionen in roter Farbe. Er redet dabei vor sich hin, leise, so dass man ihn kaum verstehen kann. Manchmal hört man Fetzen wie »so« oder »Dir zeige ich es jetzt« oder »Das hast du jetzt davon!« … Die Nachbarin, die ihn nachmittags betreut, fordert ihn auf, doch mal etwas anderes zu malen: »Du hast doch früher so schön gemalt. Was soll das denn jetzt immer mit dem Krieg …« Doch Pedro reagiert darauf nicht. Er malt weiter, er ist im Krieg gefangen.

Bei älteren Kindern kann sich ein solches Verhalten darin ausdrücken, dass sie in aggressiven Kriegsspielen am Computer oder der Playstation kein Ende finden. All dies kann unterschiedliche Ursachen haben. Oft können Sie in solchen Situationen einen Bedeutungsüberhang feststellen. Damit meine ich, dass das Spielen von Krieg für diese Kinder eine Bedeutung hat, die über den Anlass der Beschäftigung mit einem aktuellen Krieg hinausgeht. Das kann unterschiedliche Ursachen haben. Eine kann darin bestehen, dass die Kinder in früheren Jahren selbst traumatische Erfahrungen gemacht haben, die jetzt wiederbelebt werden. Es ist auch möglich, dass diese Kinder Kriegsatmosphären oder Kampfatmosphären im Elternhaus oder bei den Großeltern miterlebt haben. Manche Paare befinden sich im kalten oder heißen Krieg miteinander und denken, dass die Kinder davon nichts spüren. Doch diese nehmen die Atmosphären sehr wohl wahr und sind seelisch damit beschäftigt, was sich in zwanghaften Kriegsspielen ausdrücken kann.

Eine häufige Quelle solcher Bedeutungsüberhänge beim Kriegspielen sind Erfahrungen der Leere. Damit meine ich nicht die Leere, nach der Menschen sich sehnen, wenn sie viel gearbeitet haben oder anderweitig sehr beschäftigt waren. Diese Sehnsucht nach Leere kennen viele zum Beispiel beim Beginn eines Urlaubs oder eines freien Wochenendes. Ich meine damit etwas anderes, eine Leere, unter der Erwachsene und Kinder leiden. Wenn Kinder ins Leere greifen, und da ist niemand, wenn sie tönen, und sie werden nicht gehört oder übertönt, wenn sie nach anderen Menschen greifen und ins Leere fassen, wenn sie sich anlehnen wollen und keinen Halt finden – dann sind das Leere-Erfahrungen, die das Selbstwertgefühl der Kinder verringern (»Ich bin es nicht wert gesehen, gehört, gehalten zu werden.«) und die Schmerz zufügen. Dieser Schmerz kann sich bei manchen Kindern in zwanghaften Kriegsspielen äußern.

Sie werden oft nicht klar herausfinden können, welchen Quellen der Bedeutungsüberhang beim Kriegspielen entspringt, aber es lohnt sich immer, danach zu suchen.

Fragen zur Reflexion

- Spielen Kinder, die Sie begleiten, Krieg?
- Welche Anlässe oder Hintergründe vermuten Sie?
- Wie spielen die Kinder Krieg?
- Wie ist Ihre Haltung?
- Welche Anregungen wollen Sie aufgreifen?

KAPITEL 9

»Wer sind die Guten, wer die Bösen?« – Kinder verlangen nach Parteilichkeit

Kinder brauchen Parteilichkeit. Nicht überall und immer, aber dort, wo es möglich ist. Warum ist das so? Warum verlangen sie danach? Sie haben ein grundlegendes Bedürfnis nach Gerechtigkeit. Wenn Kinder ungerecht behandelt werden, empören sie sich.

> Selma kommt von der Schule nach Hause. Ihre Sitznachbarin hat eine bessere Note bekommen als sie. Dabei haben sie in der Klassenarbeit »das Gleiche« geschrieben. »Das ist so ungerecht!«, empört sie sich bei der Mutter. Die Mutter unterstützt sie: »Ja, das finde ich auch. Soll ich mal mit der Lehrerin sprechen?« Doch darum geht es Selma gar nicht. Sie will vor allem ihrer Empörung Luft machen, und sie braucht die Erfahrung, dass die Mutter an ihrer Seite steht.

Eine ähnliche Situation, aber mit einem anderen Verlauf:

> Als der Vater Elias aus dem Kindergarten abholt, weint Elias im Auto. »Warum weinst du denn?« fragt der Vater erschrocken. »Der Ben hat mir meine Legofiguren weggenommen, und Frau Bergmann hat nichts dagegen gemacht«, erzählt der Junge. Der Vater meint: »Vielleicht hat Frau Bergmann das gar nicht mitbekommen.« – »Doch, die hat das genau gesehen!«, erwidert Mirco.

»Warum hat Ben dir die Figuren denn weggenommen?«, fragt der Vater weiter. »Habt ihr euch gestritten?« – »Nein, da war nichts, ich weiß nicht.« Der Vater meint: »Da wird schon vorher irgendwas gewesen sein.« Elias verstummt, er weint weiter leise vor sich hin, aber sagt nichts mehr.

Elias hätte gebraucht, dass der Vater ihn zunächst einmal unterstützt. Kinder brauchen, wenn sie in Not sind, Parteilichkeit, Wärme, Halt, Zuwendung, Akzeptanz! Wenn ihr Gerechtigkeitsgefühl sie empört oder traurig macht, dann brauchen die Kinder Unterstützung, damit ihr Gerechtigkeitsgefühl wertgeschätzt wird.

Alles andere kann später erfolgen, zum Beispiel zu fragen, wie andere Menschen reagiert haben oder ob es eine Vorgeschichte zwischen Elias und Ben gegeben hat. Selbstverständlich kann man – ja, man sollte sogar – mit Kindern darüber reden, wie man Konflikte vermeidet, wie man schon im Vorfeld versucht, eine Eskalation gar nicht erst zuzulassen. Doch das ist der zweite oder dritte Schritt. Der erste sollte immer darin bestehen, sich an die Seite der Kinder zu stellen, nicht blind und ohne innere Vorbehalte, aber sichtbar und eindeutig.

Das Gerechtigkeitsgefühl der Kinder verlangt nach Parteilichkeit. Die Kinder und Jugendlichen leben in einer Welt, die äußerst kompliziert ist und in der sie sich jeden Tag neu zurechtfinden müssen. Wenn sie sich verletzt fühlen, haben sie ein Recht, sich dagegen zu wehren und das auszudrücken. Verletzungen tun weh, sie brauchen Trost. Dazu gehören Menschen, erwachsene Menschen, die parteilich an der Seite der Kinder stehen. Ich meine damit nicht, dass wir Erwachsenen alles unterstützen sollen und gutheißen sollen, was Kinder machen. Wir dürfen, ja müssen manchmal durchaus andere Meinungen haben und Kindern auch sagen, dass sie etwas falsch gemacht haben. Natürlich nur dann, wenn es dafür gute Gründe gibt, die wir auch den Kindern gegenüber vertreten sollten. Das Grundgefühl der Gerechtigkeit erfordert einen Vorschuss an Vertrauen, der sich in Parteilichkeit äußern sollte.

Das Gerechtigkeitsgefühl der Kinder erstreckt sich nicht nur auf Situationen, in denen sie selbst ungerecht behandelt wurden, sondern es zeigt sich auch ein Gerechtigkeitsgefühl, wenn es andere Menschen betrifft.

> Anastasia ist empört. Ihr Freund Gregor wurde vom Klassenlehrer ausgeschimpft und ermahnt, weil er angeblich den Unterricht gestört habe. »Dabei hat er gar nichts gemacht, da waren andere viel lauter. Der Lehrer hatte das nur nicht richtig mitbekommen. Der sollte erstmal fragen oder hingucken, wer da was gemacht hat, bevor er so einen Mist loslässt«, sagt die 12-Jährige wütend.

Auch hier zeigt sich, wie wichtig das Gerechtigkeitsgefühl bei Kindern ist, wenn wir Erwachsene sie damit nicht ins Leere gehen lassen. Ich beschreibe Ihnen hier so ausführlich das Gerechtigkeitsgefühl und das Streben nach Parteilichkeit in Alltagssituationen, weil sich das auch in der Haltung von Kindern gegenüber Kriegen zeigt. Auch hier wollen Kinder wissen, wer die Guten und wer die Bösen sind.

> Die Lehrerin redet mit den Kindern in der sechsten Klasse über den Krieg in der Ukraine. Die Kinder wollen wissen, auf welcher Seite die Lehrerin »steht«. Sie ist unsicher. Sie meint, sie müsse objektiv und neutral sein und dürfe nur sachliche Informationen vermitteln. Doch das reicht den Kindern nicht. Sie wollen wissen, ob es stimmt, dass die russische Regierung mit ihren Soldaten die Ukraine überfallen hat und dass diese sich dagegen wehrt. Sie sind aufgeregt und empört.

Wenn Sie zu einem Krieg eine eindeutige parteiliche Haltung haben, dann teilen Sie diese den Kindern mit. Im Fall des Überfalls Russland auf die Ukraine ist die Sachlage für die meisten Menschen eindeutig. Nicht ukrainische Truppen beschießen Moskau, sondern russische Truppen Kiew. Nicht russische Krankenhäuser werden bombardiert, sondern ukrainische. Es gibt keine Rechtfertigung dafür, ein Nachbarland militärisch zu überfallen, ganz gleich, ob andere Mächte dies in anderen Zeiten und anderen Regionen ähnlich gehandhabt haben, ganz gleich, ob im Vorfeld diplomatische Fehler gemacht worden sind usw. Wenn Sie hier eine parteiliche Haltung haben, empfehle ich, diese mit den Kindern und Jugendlichen zu teilen. Es tut ihnen gut.

Bei anderen Kriegen mag es nicht so eindeutig sein.

Ein Schüler erzählt, dass in der Klinik, in der seine Mutter arbeitet, ein verletztes Kind aus dem Jemen eingeliefert wurde. Durch das Rote Kreuz wurde es ausgeflogen und wird nun in einem Krankenhaus in Deutschland versorgt. Das Kind ist am Bein von einer Kugel getroffen worden und hat lange Hunger leiden müssen, es ist unterernährt. Die Schülerinnen und Schüler fragen, was es denn für einen Krieg im Jemen gäbe, und wollen wissen, wer daran schuld ist. Der Lehrer erzählt das, was er weiß: dass es Aufstände gab und Bürgerkrieg und dass der Iran und Saudi-Arabien jeweils Partei ergreifen für die unterschiedlichen Kriegsparteien im Jemen, dass der Krieg schon sehr, sehr lange dauert und das sehr viele Menschen darunter leiden, auch Zivilisten. Als eine Schülerin fragt, wer denn da schuld ist und auf welcher Seite die Guten sind und auf welcher die Bösen, muss er passen: »Das weiß ich nicht. Damit habe ich mich zu wenig beschäftigt, und ich kann dazu deshalb nichts sagen.«

Wenn Sie keine klare Haltung haben, wer Aggressor ist und wer sich verteidigt, sagen Sie den Kindern, dass Sie das nicht wissen, dass Sie sich da zu wenig auskennen und dass Sie in jedem Fall dafür eintreten, dass möglichst bald Frieden geschaffen wird.

Fragen zur Reflexion

- Wie ist es um den Gerechtigkeitssinn Ihres Kindes bzw. der Kinder, die Sie begleiten, bestellt?
- Welchen Stellenwert hat Gerechtigkeit für Sie selbst?
- Tritt Ihr Kind für Parteilichkeit ein? Wie?
- Welche Fragen haben Sie verunsichert?
- Haben Sie Ihrem Kind oder Kindern schon einmal gesagt, dass Sie etwas nicht wissen? Wie hat das Kind oder haben die Kinder reagiert?
- Welche Anregungen wollen Sie aufgreifen?

KAPITEL 10

Was müssen traumatisierte Kinder durchmachen?

Aktuelle Kriegserfahrungen können Kinder wie Erwachsene traumatisieren. Doch viele Kinder haben schon vorher bedauerlicherweise eine traumatische Erfahrung machen müssen. Für sie hat die Begegnung mit dem Schrecken des Krieges besondere Folgen.

10.1 »Aus der Welt gefallen« – Trauma, Traumafolgen, Co-Traumatisierung

Durch Krieg und Kriegsfolgen werden viele Menschen traumatisiert. Deswegen ist es notwendig, die Prozesse, die bei einer Traumatisierung ablaufen, genauer zu betrachten.[9]

Das Wort »Trauma« kommt aus dem Altgriechischen und bedeutet »Wunde«. Es wird für körperliche wie für seelische Wunden verwendet. Doch nicht jede Wunde ist ein Trauma. Wer sich in den Finger schneidet, wird noch kein seelisches Trauma erleben. Nicht jede Verletzung und jede Kränkung hat traumatische Auswirkungen. Damit eine Verletzung ein Trauma wird, braucht es drei Bedingungen. Erstens wird eine traumatische Verletzung als existenziell bedrohlich erlebt. Das ist immer der Fall, wenn Menschen beschossen werden oder wenn sie andere lebensbedrohliche Gewalt erfahren. Zweitens gehört zum Trauma, dass die verletzende Erfahrung die Fähigkeiten des Menschen übersteigt, sie zu bewältigen. Das ist bei

9 Frick-Baer, G. (2015). *Kreative Traumatherapie. Aufrichten in Würde.* Berlin: Semnos.

Kindern nahezu immer der Fall. Und drittens zeigen traumatische Erfahrungen oft erst später die Folgen, manchmal Wochen, Monate, Jahre danach. In jedem Fall haben sie nachhaltige und langfristige Auswirkungen. In vielen Menschen, die 2015 und 2016 aus Syrien, Irak, Afghanistan und anderen Ländern nach Deutschland geflohen sind, wurden die Schrecken ihrer traumatischen Erfahrungen erst nach einigen Monaten spürbar. Vorher waren sie wie betäubt und emotional erstarrt. Manchmal werden die traumatischen Erlebnisse erst wieder lebendig, wenn die Menschen nach der Flucht vor dem Krieg und den Verfolgungen einen sicheren Ort gefunden haben, eine Wohnung für die Familie, einen Arbeitsplatz, eine Schule … Es ist, als ob der Organismus sagen würde: So, jetzt kannst du, Mensch, es dir leisten, den Schrecken zu spüren und aus der Erstarrung herauszukommen.

Um ein Trauma zu erleben und Traumafolgen zu verspüren, muss ein Mensch nicht selbst Opfer von Gewalt und anderen Gefährdungen gewesen sein. Es reicht, wenn er Zeuge ist, dass anderen Menschen Schlimmes und Schreckliches passiert.

> Die achtjährige Anastasia hat in einer Kleinstadt in der Ukraine erleben müssen, wie ein Mensch, den sie von hinten gesehen hat, auf der Straße von einem Granatsplitter am Arm verletzt wurde und sich schreiend auf dem Boden wälzte. Sie ist dadurch traumatisiert worden und sprach tagelang danach kein Wort. Nun besucht sie in Dortmund eine Willkommensklasse. Wenn sie irgendetwas von dem Krieg mitbekommt, wird ihr Gesicht sehr starr und sie fasst sich an den linken Arm, den Arm, an dem der Mensch auf der Straße verletzt worden ist. Sie hat den Schmerz der verletzten Person gespürt, als wäre es ihr eigener, und spürt ihn wieder, wenn sie irgendetwas an den Krieg in der Ukraine erinnert.

Wenn ein Kind zum Beispiel in Afghanistan oder in der Ukraine erleben muss, dass in der Nachbarschaft ein Haus bombardiert wird und die Menschen dort sterben, dann wird sich das Kind mit diesen

Menschen identifizieren, und es fühlt die Geschehnisse so, als wären sie ihm selbst passiert. Kinder wie Erwachsene identifizieren sich mit den Kriegsopfern auch, wenn sie Filme oder Bilder oder andere nahegehende Informationen über traumatische Bedrohungen anderer in Kriegssituationen aufnehmen. Wir Menschen sind dazu in der Lage, nicht nur Mitgefühl mit anderen zu zeigen, sondern auch uns mit ihnen zu identifizieren und dadurch das zu spüren, was die anderen Menschen erleben. Kinder spielen »Räuber und Gendarm« und identifizieren sich mit den verschiedenen Rollen der Erwachsenen. Sie sind besonders offen für Identifikationsprozesse und können sich in die Lage und damit auch in das Fühlen und die Schmerzen und das Leid anderer hineinversetzen. Man nennt dies Co-Traumatisierung.

Die Co-Traumatisierungen von Kindern durch virtuelle Kriegsbilder und -szenen im Gegensatz zu real erlebten Situationen sind meiner Erfahrung nach die Ausnahme und nicht die Regel. Co-Traumatisierungen als Zeug:innen haben die gleichen Folgen wie bei denjenigen Menschen, die unmittelbar selbst von existenziellen Gefährdungen und Bedrohungen betroffen waren oder sind.

Die häufigste Traumafolge besteht darin, dass die Kinder und Jugendlichen verstört sind. Was »verstört« bedeutet, weiß jeder Mensch, auch wenn es für jeden unterschiedliche Ausdrucksformen annehmen kann. Wir können auch andere Worte benutzen, zum Beispiel, dass jemand »neben sich steht«, »verpeilt« ist, oder »völlig durcheinander«, »außer sich« oder »durch den Wind«. Existenziell bedroht zu werden, macht Angst. Diese Angst geht über eine Befürchtung hinaus, sich zum Beispiel zu erkälten oder eine schlechte Note in einer Klassenarbeit zu erhalten. Es geht um eine existenzielle Angst, um ein Gefühl des Seins oder Nichtseins! Viele Erwachsene, die als Kinder oder als Erwachsene traumatisiert wurden, beschreiben ihr Gefühl in der Zeit nach der traumatischen Erfahrung, als wären sie »aus der Welt gefallen«. Viele traumatisierte und co-traumatisierte Kinder malen Bilder, in denen sie am Abgrund stehen oder in einen Abgrund fallen. Eine traumatische Erfahrung hebt die Normalität auf und ist ein Bruch mit dem, was davor selbstverständlich war.

Auch das Selbstwertgefühl traumatisierter oder co-traumatisierter Kinder und Jugendlicher ist stark beschädigt. Wer existenziell bedroht wurde, muss das Gefühl entwickeln, dass sein Leben und sein Wollen anderen nichts wert ist. Zumindest nicht so viel, dass es geschützt und bewahrt werden sollte. Das eigene Nein wird nicht gehört, das Nein gegen die Schüsse und gegen die Bomben, gegen die Vertreibung und die anderen Formen von Gewalt. All das lässt das Selbstwertgefühl abstürzen und führt zur existenziellen Verunsicherung.

> Die zehnjährige Anzhela war in der Ukraine eine gute Schülerin, lebendig, wach, intelligent. Sie konnte gut schreiben und lesen, auch rechnen. Sie half ihrer Mutter beim Nähen und war sehr stolz darauf. Nun, nach der Flucht nach Deutschland, hat sie viele ihrer Fähigkeiten verloren. Sie spricht wenig, auch nicht mit der Dolmetscherin. Wenn sie Texte in Ukrainisch vor sich hat, kann sie sie nicht lesen, viele ihrer Fähigkeiten hat sie verloren. Wenn man sie auffordert zu spielen, zuckt sie oft mit den Schultern und spielt nicht mit. Ihr häufigster Satz auf Ukrainisch lautet: »YA ne mozhu.« – »Kann ich nicht.«

Kinder und Jugendliche mit traumatischen Erfahrungen brauchen Trost, Sicherheit und Stärke. Alles, was das Selbstwertgefühl stärkt, ist gut. Alles was ihnen Geborgenheit und Sicherheit vermittelt, hilft. Viele versuchen, ihre eigenen Ängste und Verunsicherungen zu verbergen und stark zu sein. Doch das gelingt ihnen nicht, zumindest nicht auf Dauer und nicht dann, wenn ihre Kontrolle nachlässt, zum Beispiel nachts. Deswegen sollten wir den Kindern und Jugendlichen vermitteln, dass Schwäche zu zeigen ein Ausdruck von Stärke ist. Wenn Schwäche gezeigt werden kann, kann sie geteilt werden, und dann können andere Menschen darauf reagieren, mit Unterstützung, mit Trost, mit Zuneigung.

Jurij ist sieben Jahre alt. Als er nach Deutschland kommt, ist er völlig verstört. Er ist gemeinsam mit seiner Oma aus der Ukraine geflohen und musste dabei erleben, dass ein Auto, das den Bus, in dem er fuhr, überholt hatte, von einer Bombe oder Granate getroffen wurde und die Insassen starben. Seitdem spricht er kaum noch, seine Augen flackern, er wirkt sehr apathisch. Als er in München in eine Willkommensklasse gehen kann, will er zunächst nicht dorthin. Doch die Oma begleitet ihn und sagt: »Ich warte vor der Tür, ich bin da, passe darauf auf, dass dir nichts passiert.« Jurij geht zögernd mit in den Klassenraum und findet dort andere ukrainisch sprechende Kinder sowie eine nette und freundliche Lehrerin vor. Allmählich taut er auf. Beim dritten Treffen beginnt er zu zittern und zu weinen, er schüttelt sich. Er kann sich nicht mehr kontrollieren, der Schrecken holt ihn wieder ein und wird sichtbar. Die anderen Kinder unterstützen ihn, rücken nahe zusammen und singen ihm ein ukrainisches Lied, sodass er sich nicht allein fühlt. Die Lehrerin erklärt allen, dass solche Reaktionen normal sind, dass das Schreckliche, was sie mitgemacht haben, in ihnen wie eingefroren ist und nun auftaut. Die Lehrerin holt eine Kiste mit Steinen, die sie gesammelt hat. Alle sind gewaschen und gesäubert. Sie bittet die Kinder, sich jeweils einen Stein auszusuchen, der ihnen zu einem Kraftstein werden kann. Die Kinder probieren, welchen Stein sie wählen. Manche entscheiden sich nach dem Aussehen, andere betasten einige Steine und fühlen ihr Gewicht und entscheiden sich dann. Anschließend bietet die Lehrerin den Kindern Farben an, mit denen sie ihren eigenen Kraftstein bemalen können, damit der Stein zu einem Kraftstein wird. Nach dem Trocknen dürfen sie den Kraftstein mitnehmen in ihrer Hosen- oder Rocktasche. Immer wenn sie ihn mit ihren Händen umfassen, können sie die Kraft spüren, die er ihnen gibt.

Wann sich solche stärkeren Traumafolgen wie bei Jurij zeigen, ist nicht vorhersehbar. Es kommt, wann es kommen will, manchmal nach Tagen, manchmal nach Wochen oder Monaten.

Untersuchungen haben ergeben, dass Kinder, die eine traumatische Erfahrung erleben mussten, in der Zeit danach oft wie erstarrt waren und sich sehr, sehr allein fühlten: »Am schlimmsten war das Alleinsein danach.«[10] Die Erstarrung ist auch bei vielen geflüchteten Kindern zu beobachten. Fast niemand weint während der Flucht, der Schrecken hat sie gelähmt, die Tränen können erst deutlich später fließen. Wenn Kinder fliehen, und wenn sie existenziell bedroht sind, durch Granaten oder Bomben oder andere Gewalttaten, dann ist in Kriegen kaum Platz und Zeit für Trost, für gemeinsame und gegenseitige Unterstützung, für liebevolle Gesten der Geborgenheit. Es geht um das Überleben, es geht um das Fliehen oder manchmal auch Kämpfen. Es geht darum, aus der existenziell bedrohlichen Situation herauszukommen. Dabei fühlen sich Kinder zumeist sehr allein.

Sanida erzählt aus ihrer Zeit, in der sie als Kind mit ihren Eltern vor dem Krieg in Bosnien geflohen ist: »Ich war damals fünf Jahre alt. Als meine Eltern Schüsse hörten, packten sie das Nötigste zusammen und setzten mich und meinen Bruder ins Auto, und wir rasten davon. So schnell wir konnten. Ich wusste gar nicht, was passiert. Es war alles so unwirklich, es war fremd, es war komisch, und ich war ganz durcheinander und gleichzeitig erstarrt. Und dann ging es weiter, wir mussten uns verstecken, und dann ging es wieder weiter. Vieles weiß ich nicht mehr. Ich weiß nur, dass ich furchtbare Angst hatte und mich furchtbar allein gefühlt habe. Meine Eltern waren zwar da, aber sie waren selber so aufgeregt und wohl so panisch und so damit beschäftigt, uns zu retten, dass ich mir ganz allein vorkam. Meine Mutter sagte immer, alles wird gut, ich sollte mich beruhigen. Sie glaubte aber selber nicht daran. Nichts war gut, da war gar nichts gut. Vater fuhr und kümmerte sich ums Essen, ums Verstecken und um Benzin. Alles war eine große Aufregung, und gleichzeitig hatte

10 Frick-Baer, G. (2013). *Trauma – Am schlimmsten ist das Alleinsein danach.* Berlin: Semnos.

> offenbar niemand die richtigen Worte, um darüber zu reden. Wenn ich jetzt nach 30 Jahren daran denke, dann ist das wie ein schlechter Film, ein Horrorfilm, aber ich kann gar nicht mal sagen, dass ich Angst hatte: Ich weiß nur, dass ich so allein war und erstarrt. Als wir dann in Österreich angekommen sind, blieb das Alleinsein, also dieses Gefühl von Einsamkeit blieb erhalten, und es war alles so fremd. Alles war neu und alles war anders, alle waren aufgeregt und keiner redete. Es dauerte Jahre, bis das besser wurde bei mir, und manchmal überkommt mich dieses Gefühl immer noch, ja, es überfällt mich, und dann brauche ich vor allem meine bosnische Freundin, die Ähnliches mitgemacht hat. Und dann können wir uns in den Arm nehmen und ganz lange festhalten. Dann wird es besser und dann reden wir.«

Dieses Gefühl, allein zu sein, hat nicht damit zu tun, ob andere Menschen in der Nähe sind oder nicht. Auch Sie werden schon einmal solche Erfahrungen gemacht haben, z.B. dass Sie sich auf einer Geburtstagsparty mit 20 Gästen oder in einem Fußballstadion mit 30 000 Zuschauern sehr einsam und allein gefühlt haben. Es geht um die Qualität und nicht um die Quantität. Die wichtigste Hilfestellung für Kinder und Jugendliche, die traumatische Erfahrungen machen mussten, besteht deshalb darin, ihnen das Gefühl zu vermitteln, dass sie nicht allein sind. Das heißt nicht, dass man all ihre Wünsche erfüllen muss oder all ihren Forderungen nachkommt, sondern dass man da ist und ihnen Begleitung und Begegnung anbietet. Manche brauchen eine Umarmung, andere wollen, dass man nur neben ihnen sitzt, manche wünschen sich zu reden, und wieder andere brauchen eine Tasse Tee oder Kakao. Das ist von Kind zu Kind unterschiedlich und muss erfragt werden. Was sinnvoll ist, kann sich auch von Situation zu Situation ändern. Entscheidend ist, dass andere Menschen die Not des Kindes sehen und dass sie ihre Begleitung den Kindern anbieten, so gut sie es können.

10.2 »Niemals geht man so ganz« – Was brauchen Kinder, die vor dem Krieg flüchten mussten?

Zunächst einmal sollten wir uns bemühen, Geduld mit dem Kind oder mit den Kindern zu haben. **Die Verarbeitung einer traumatischen Erfahrung braucht Zeit. Wer aus der Welt gefallen ist, braucht Zeit, um wieder in die Welt hineinzufinden. Wer im Schrecken erstarrt und grundlegend erschüttert ist, braucht Zeit, um sich wieder zu »sortieren« und einen »Boden unter den Füßen« zu spüren.** Zeigen Sie dem Kind, dass Sie da sind, dass Sie es wahrnehmen und dass Sie Geduld haben. Akzeptieren Sie, dass das Kind Zeit braucht, und nehmen Sie sich selbst auch die Zeit. Selbst wenn es manchmal schwer auszuhalten ist, zu sehen und zu hören, wie ein Kind leidet, hilft es nicht, zu drängeln oder in der Hilfestellung zu ehrgeizig zu sein. Sie brauchen Geduld und Herzenswärme.

Geflüchtete Kinder und Jugendliche sind anders als solche, die nicht flüchten mussten. Sie sind ein anderes Schulsystem gewohnt, sie entstammen einer anderen Kultur, gehören manchmal einer anderen Religion an, haben andere Verhaltensweisen, anderes Denken …

> Eine Lehrerin fordert die Kinder einer Willkommensklasse auf, sich zu zweit zusammenzusetzen und in ihrer kleinen Gruppe jeweils ein Bild zu malen: »Unterhaltet euch darüber, was ihr euch besonders wünscht. Und dann malt das.« Die meisten Kinder sind verwirrt. Gruppenarbeiten kennen sie genauso wenig wie das Malen eines gemeinsamen Bildes. In ihrer Schule bestand der Unterricht vor allem darin, dass die Lehrerinnen und Lehrer etwas erzählten und die Kinder mitschrieben und auswendig lernten. Selbstverständlich gab es Ausnahmen, doch in der Regel fand der Unterricht als Frontalunterricht statt, sehr direktiv, so wie es bei uns in den 1950er oder -60er Jahren die Regel war.

Auch die Erziehungsstile, die diese Kinder kennen, können anders sein als diejenigen, die den meisten einheimischen Kindern vertraut sind.

Und die geflüchteten Kinder sind Kinder wie alle anderen auch. Sie spielen gerne, sie weinen und lachen, sie haben Wünsche und Sehnsüchte und ärgern sich. Beides ist richtig: die Gleichheit und die Unterschiedlichkeit. **Also ist es wichtig, bei diesen Kindern und Jugendlichen das Anderssein zu akzeptieren *und* ihnen gleichzeitig so zu begegnen wie allen anderen Kindern auch.** Wir sollten ihre Besonderheiten respektieren *und* versuchen, sie in die Lebensbedingungen zu integrieren, die sie hier vorfinden, in Österreich, in der Schweiz, in Deutschland. Dafür gibt es keine Checkliste mit Arbeits- und Verhaltensanweisungen. Es ist eher eine grundlegende Einstellung gegenüber den Kindern. Die Kinder merken, ob Sie diese offene Einstellung haben oder ob Sie unter Druck sind und dieses oder jenes bewirken oder gar erzwingen wollen.

Kinder spielen gerne. Auch Jugendliche. Je nach Alter sind die Spiele unterschiedlich, doch das Spielen ist eine wunderbare Ausdrucksmöglichkeit von Kindern, das eigene Befinden auszuleben. Im Spiel, insbesondere im freien Spiel, werden das Leid und der Schmerz sichtbar, aber auch die Sehnsucht, die Kraft und die Wünsche. Alle Probleme tauchen im Spiel auf und gleichzeitig zumindest Ansätze von Lösungen.

> Bea und Klara spielen mit Puppen. Bea nimmt zwei Puppen. Die eine Puppe, die kleinere, tanzt durch die Gegend. Sie fasst dabei dieses an und jenes und fordert Klaras Puppe auf, mit ihr zu tanzen. Da kommt die andere Puppe daher, die Klara in der linken Hand hält, die größere Puppe, und schimpft mit Beas kleiner Puppe: »Du darfst das nicht, dafür bist du noch zu klein! Und fass nicht alles an! Lass das, lass das, lass das!« Beas kleine Puppe versteckt sich hinter Klaras Puppe, und dann fangen die beiden Puppen an, gemeinsam zu tanzen …

Unterstützen Sie alles, was den Kindern ermöglicht, möglichst frei zu spielen, allein, vor allem aber mit anderen Kindern, möglichst auch mit Ihnen. Spielen Sie mit.

Gemeinsam zu spielen unterstützt auch den Abbau von Sprachbarrieren. Es ist in Kitas und Schulen sehr förderlich, wenn ab und zu eine Dolmetscherin oder ein Dolmetscher Sie als Fachkraft unterstützen kann, die Kinder zu verstehen und mit ihnen zu reden. Kinder lernen schneller die deutsche Sprache als ihre Eltern, das zeigen alle Erfahrungen. Sie lernen sie im Deutschunterricht, vor allem aber auch im Spielen mit anderen Kindern. Die meisten reden darauf los, und das ist der beste Weg, eine Sprache zu lernen. Bis Sie sich mit Worten verständlich machen können, nutzen Sie die Hände und die Augen, den Gesichtsausdruck und die Körpersprache …

Ein besonders hilfreicher Weg, wie Kinder und Jugendliche aus der Erfahrung herauskommen können, aus der Welt gefallen zu sein, sind die Spürenden Begegnungen[11]. Damit bezeichnen wir fünf wesentliche Interaktionen zwischen Menschen, hier zwischen Kindern und Erwachsenen oder auch zwischen den Kindern untereinander:

- Die erste Spürende Begegnung ist das Hören und Gehört-Werden. Wenn Kinder auf die Welt kommen, geben sie Töne von sich und lassen uns darüber wissen, was sie wollen, ihre Freude und ihr Unbehagen. Menschen brauchen es, zu tönen, und sie brauchen es erst recht, gehört zu werden. Wenn Kinder überhört werden, wie es viele Kinder in Kriegssituationen erfahren mussten, oder wenn sie von anderen übertönt werden, dann verringert das ihr Selbstwertgefühl, dann fühlen sie, als wären sie es nicht wert, gehört zu werden. Deswegen ist es gut und wichtig, Kindern zuzuhören, nicht nur den Worten zu lauschen, sondern auch den Klängen, mit denen sie ihre Worte hervorbringen, mit denen sie lachen oder weinen, stöhnen oder juchzen. Und deswegen sollten wir gerade mit traumatisierten Kindern, die geflüchtet sind, viel summen und singen, deren Lieder und unsere Lieder.

11 Entwickelt aus Säuglingsforschung und Therapieforschung. U.a. in: Baer, U. (2012). *Kreative Leibtherapie. Das Lehrbuch.* Berlin: Semnos. Mehr dazu auch im Blog www.kinder-und-wuerde.de oder auf www.kinderwuerde-udo-baer.de.

Alina ist traumatisiert. Sie ist vier Jahre alt, sie kann gut sprechen, spricht aber nur selten und ist sehr still. An manchen Tagen ist sie ganz verstummt. Sie liebt es, wenn die Erzieherin mit ihr in »Quatschsprache« spricht: »Aaah, gutschi mene kalimbarota uhuh aaaaah, mmmmh momomom, witschiwatsch …« Dann lacht sie und freut sich und antwortet ebenfalls in Quatschsprache. Das überwindet die Sprachbarriere, vor allem aber ermöglicht die Erzieherin damit Alina, jenseits von Worten Töne von sich zu geben und Antworten auf ihre Töne zu hören, Tönen zu lauschen, mit Tönen zu spielen, sich über die Klänge mit ihr zu verbinden.

- Die zweite Spürende Begegnung ist das Sehen und Gesehen-Werden. Wenn ein Säugling auf die Welt kommt und die Mutter oder den Vater anblickt, dann öffnet sich in den Augen ein Fenster zur Welt, vom Herzen des kleinen Kindes ausgehend, sich zum Herzen der anderen Menschen hinwendend. Es geht dabei nicht um Informationsaufnahme, sondern um Begegnung, tiefe, innige Begegnung. Deswegen ist das Schauen so wesentlich für die Begegnung mit anderen Menschen. Zu sehen und gesehen zu werden ist notwendig, um der Welt zu begegnen und sich in der Welt zurechtzufinden. Wenn Kinder übersehen werden oder wenn ihr Blick ins Leere geht, dann tut ihnen das weh und verfestigt das Gefühl, aus der Welt gestoßen zu werden oder aus der Welt gefallen zu sein. Deswegen ist der Dialog der Augen mit diesen Kindern so wichtig. Alles, was Blickkontakte fördert, mit oder ohne Worte, ist hilfreich.

Dilip lebt in einer Pflegefamilie. Er kam vor einigen Jahren als Waisenkind aus Indien. Seine Eltern sind in einem der dortigen Konflikte erschlagen worden. Dilip hat sich in der Pflegefamilie gut eingelebt, doch er hat eine Gewohnheit, die den Pflegeeltern auffällt und sie etwas beunruhigt: Er setzt sich manchmal auf den Schoß seiner Pflegemutter oder seines Pflegevaters und greift zielgerichtet und fordernd mit beiden Händen an deren Wangen

> und zieht ihr Gesicht so vor sein Gesicht, dass sich beide in die Augen schauen. Nach einigen Augen-Blicken lässt er los und ist zufrieden. Die Pflegeeltern fragen, ob sie dagegen etwas tun müssen. Die Antwort lautet: Nein! Dilip möchte sich nur vergewissern, dass sie da sind, dass sie ihn sehen und dass er sie sehen kann und darf. Er braucht den Augenkontakt, der seine sichere Verbindung zur Welt, also zu ihnen, ist. Für ihn sind die Pflegeeltern das Wichtigste in der Welt, und deswegen braucht er das Sehen und das Gesehen-Werden.«

- Die dritte Spürende Begegnung ist das Greifen und Ergriffen-Werden. Kinder brauchen das Greifen. Sie greifen nach Gegenständen und nach ihren Eltern oder anderen Menschen. Sie be-greifen damit die Welt. Sie machen sich damit die Welt zu eigen, erschließen sich ihre Lebenswelt. Kinder, die aus Kriegsgebieten zu uns gekommen sind, flüchteten vor der Gefahr, gewaltsam ergriffen zu werden. Viele waren Zeugen, wie andere gewaltsam ergriffen worden sind. Nun sind sie in einer fremden Umgebung, die sie nicht be-greifen. Viele spüren nun Leere um sich herum – das Vertraute ist nicht mehr vorhanden – und in ihrem Innern. Das kann zur Folge haben, dass sie aufhören zu greifen, dass sie sich zurückziehen und erstarren. Es kann auch zur Folge haben, dass sie versuchen, das Greifen zu erzwingen, indem sie aggressiv nach diesem und jenem greifen. Kindern die Möglichkeit zu geben, nach anderem zu greifen, nach Gegenständen, nach Holz, nach Stoff, nach Menschen (Fangen spielen) hilft, die Greifimpulse wiederzubeleben, wenn sie erstorben sind. Und es hilft, diese Impulse wieder selbstverständlich und maßvoll werden zu lassen, wenn sie überborden und maßlos werden.
- Die vierte Spürende Begegnung ist das Drücken und Gedrückt-Werden. Wer als Kind oder Jugendlicher aus Kriegsgebieten geflohen ist, hat Druck. Druck, dass die Flucht gelingen muss, und Druck, lebensgefährliche Situationen zu vermeiden. Wenn dann die Flucht gelungen ist, kommt zusätzlicher Druck dazu: Wie wird die neue Umgebung sein, in der ich leben werde? Werde ich

einen Platz finden? Werde ich mich irgendwann wieder »richtig« fühlen? Was ist mit den Menschen, die ich zurücklassen musste – immer werden bei Fluchtbewegungen Menschen zurückgelassen. In Kriegszeiten sind es vor allem die Väter oder großen Brüder, die im Krieg kämpfen müssen. Die Kinder spüren zusätzlich den Druck der Erwachsenen, die sie begleiten, und werden davon angesteckt.
Gegen Druck hilft drücken. Wenn Kinder andere Menschen drücken, die ihnen freundlich gesinnt sind, oder gegen Kissen, Mauern oder andere Gegenstände drücken, spüren sie nicht nur den Widerstand der anderen und deren Kraft, sondern auch die eigene Kraft. Drücken hilft, auszuatmen und Spannung abzubauen. Sich zu drücken, indem man einander umarmt, ist hilfreich, um wieder Lebendigkeit zu spüren und um Gefühle der Geborgenheit zu ermöglichen. Deswegen sind alle Spiele, die mit respektvollen Erfahrungen des Drückens und Gedrückt-Werdens verbunden sind, so unterstützend.

> Ich spiele mit einigen traumatisierten Kindern. Auf einer Matratze bewege ich mich auf allen Vieren, also Händen und Beinen, wie ein Elefant und tröte laut. Die Kinder dürfen mich einfangen. Sie stürzen sich auf mich und drücken sich gegen mich und versuchen, mich auf den Boden zu drücken. Nach einigem Hin und Her gelingt es ihnen, und sie jubeln. Die Stimmung ist aufgekratzt und aufgeregt. Auch die Kinder, die sonst kaum etwas von sich hören lassen, jauchzen nun. Alle Kinder spüren ihre Kraft. Sie haben einen Elefanten besiegt!

- Die fünfte Spürende Begegnung besteht im Anlehnen. Wir Menschen brauchen andere Menschen, an die wir uns anlehnen können. Wenn da niemand ist, wenn wir uns anlehnen, fallen wir ins Leere. Das hat dann Folgen. Wir fühlen uns nicht wert, uns anlehnen zu dürfen und gehalten zu werden. Wir fühlen uns verunsichert und werden vielleicht künftig vermeiden, uns irgendwo und irgendwie anzulehnen. Zumindest ist unser Vertrauen darin, dass wir einen sicheren Ort und Halt und Schutz finden, erschüttert. Das gilt für Kinder und Jugendliche erst recht. Kinder und Jugendliche brauchen die Möglichkeit, sich anzulehnen. Sie brauchen Halt und Sicherheit.

Ich begleite ein traumatisiertes 14-jähriges Kind in der Therapie. Wir spielen gemeinsam auf einem Xylophon und unterhalten uns ohne Worte. Das Kind erzählt mir über seine Klänge, dass es gerade verunsichert ist. Worte dafür hat es nicht, aber seine Töne machen seine Gefühle und Empfindungen verständlich. Ich antworte mit einem klaren Rhythmus und versuche, ihm auf diese Weise etwas Halt anzubieten. Plötzlich legt das Kind die Schlägel weg, mit denen es auf dem Xylophon gespielt hat, und legt sich mit seinem Kopf an meinen Oberarm. Ich halte still und lasse es zu. Es liegt dort einige Minuten und wird immer friedlicher …

Wenn Kinder fliehen mussten, haben sie die Gewissheit verloren, in Sicherheit zu sein und sich anlehnen zu können. Sie haben stattdessen die Erfahrung machen müssen, abgelehnt zu werden, indem sie beschossen und vertrieben wurden. Statt an-lehnen also abgelehnt werden. Deswegen brauchen sie neue Erfahrungen: sich anlehnen zu können, möglichst nicht nur an Sofakissen oder Wänden, sondern bei Menschen, die sie mögen und bei denen sie wieder lernen können, zu vertrauen. Das wird nicht immer sofort und schnell gehen, auch das braucht Geduld und wiederholte Erfahrungen. Anlehnen hilft.

Mit Kindern und Jugendlichen zu spielen und ihnen Möglichkeiten anzubieten, diese fünf spürenden Begegnungen neu zu erfahren, ist eine wesentliche Unterstützung bei allem, was Sie mit geflüchteten Kindern und Jugendlichen unternehmen. Um welche Spiele und konkrete Aktivitäten es sich handelt, ist zweitrangig. Das werden Sie wissen, je nachdem, mit welchen Kindern Sie in Ihren Kitas, Schulen oder in der sozialen Begleitung und Unterstützung zu tun haben und auch je nachdem, was Sie gerne machen. Doch dabei auf die fünf

Spürenden Begegnungen zu achten und sie zu würdigen, ist eine besonders wertvolle Unterstützung, die Sie anbieten können.

10.3 »Wie damals in Afghanistan« – Wenn ein Kind durch Kriegsbilder retraumatisiert wird

Amira ist vor einigen Jahren aus Afghanistan geflohen. Sie lebt jetzt in Osnabrück und geht in die vierte Klasse der Grundschule. Sie spricht gut Deutsch, übersetzt sogar manchmal für ihre Eltern, ist ein sehr lebendiges und aufgewecktes Mädchen. Seit sie aber Bilder von dem Krieg in der Ukraine gesehen hat, ist sie sehr verändert. Sie wirkt verstört, spricht nur noch wenig, schaut oft ins Leere und schreckt zusammen, wenn sie angesprochen wird. Was Amira in Afghanistan erlebt hat, weiß die Klassenlehrerin nicht. Die Eltern haben davon nichts erzählt und Amira auch nicht. Aber offenbar sind durch die Bilder des Krieges in der Ukraine alte Schreckenserfahrungen reaktiviert worden. Die Lehrerin ist ratlos.

Was ist geschehen? Das zu verstehen, ist wichtig, um Wege aus der Ratlosigkeit zu finden. Wir sprechen hier von einer Retraumatisierung. Wer als Kind ein Trauma erlebt hat, dessen traumatisches Erleben kann in einer späteren Situation wiederbelebt werden. Die Folgen sind dann so, als wäre das Trauma jetzt erneut geschehen, das Erleben des Schreckens wiederholt sich. Um das zu verstehen, sind einige Begriffe wichtig.

Ein Begriff lautet »Trigger«. Ein Trigger ist ein Auslöser, der ein Trauma wiederbeleben, reaktivieren kann. Ich gebe einige Beispiele für Trigger:

Amon geht zur Schule. Er war mit seiner Familie vor einigen Jahren aus Afghanistan nach Österreich geflüchtet. Er gehörte dort zu einer Farsi sprechenden Minderheit. Über das, was er dort erlebt hatte, sprach er nie. In der Nähe seiner jetzigen Schule befindet sich ein Krankenhaus. Dort landet gelegentlich ein Rettungshubschrauber. Immer wenn Amon die Hubschraubergeräusche hört, zuckt er zusammen. Anfangs versteckte er sich sogar unter dem Tisch oder wollte aus dem Klassenzimmer laufen. Diesen Impuls hat er nicht mehr, oder er kontrolliert ihn. Aber man merkt noch immer, wie er Angst bekommt und sich sein Gesicht vor Schreck verzieht. Hubschraubergeräusche waren früher in Afghanistan ein Ausdruck von Lebensgefahr. Hubschrauber waren dort keine Rettungshubschrauber, sondern tödliche Kriegswaffen.

Eine Schulklasse unternimmt einen Ausflug zu einer Burg am Rhein. Als die Kinder die Ruine der ehemaligen Burg betreten und der Lehrer das eine oder andere erklärt, merken alle, dass es etwas modrig riecht, wie das bei alten Gebäuden oft der Fall ist. Diana beginnt zu weinen. Sie hatte sich zwei Wochen lang mit ihrer Familie in einem Keller verstecken müssen, jede Nacht und manchmal auch tagsüber. Dieser Keller hatte genauso modrig gerochen wie die Burgruine.

Nazar spielt in der Wohnung. Draußen ist es windig. Als sein Vater die Wohnung betritt, fällt ihm die Tür aus der Hand, und sie knallt zu. Nazar schreckt zusammen und beginnt zu schreien. Das Türknallen hört sich für ihn an wie ein Schuss …

Wer durchs Wasser im Schlauchboot fliehen musste oder ein Hochwasser wie in der Eifel erlebt hat, kann schon durch das Geräusch von Regen oder eines tropfenden oder fließenden Wasserhahns retraumatisiert werden. Manchmal kann man solche »Trigger« identifizieren, also die Auslöser für eine Retraumatisierung, oft aber auch nicht. Plötzlich reagiert ein Kind panisch, und die Erwachsenen können nicht erkennen, was der Auslöser war, und das Kind weiß es auch nicht. In jedem Fall hilft es, mit den Kindern darüber zu reden, wenn dies vom Alter her möglich ist. Erklären Sie ihnen, was passiert, dass nämlich ein alter Schrecken in einer neuen Situation wieder lebendig wird und sie erfasst. Wenn Eltern, Lehrer:innen, Erzieher:innen und andere Begleitpersonen diesen Prozess verstehen, überrascht sie das Verhalten der Kinder nicht so sehr, und sie können es besser einordnen.

Es gibt Kinder und Jugendliche, die ohne erkennbare Trigger retraumatisiert werden. Oft sind sie komplex-traumatisiert. Damit werden traumatische Erfahrungen bezeichnet, die sie in sehr frühem Alter erlebt haben oder die sich mehrmals wiederholt haben. Durch die häufigen Traumata oder traumatischen Erfahrungen in den ersten zwei, drei Lebensjahren sind die Widerstandskräfte und die Verarbeitungsmöglichkeiten noch mehr reduziert als bei späteren Traumata. In vielen dieser Kinder und Jugendlichen laufen innere Filme ab, meist unbewusst, die Reaktionen der Retraumatisierung hervorrufen können, ohne dass es erkennbare äußere Anlässe, also Trigger gibt. Diese Kinder brauchen Unterstützung, Halt und Geborgenheit in höchstem Maße, vor allem aber natürlich auch eine therapeutische Begleitung.

Weitere Begriffe im Zusammenhang mit Retraumatisierung lauten »Traumagedächtnis« und »Zeitkollaps«.

Es ist wichtig, die Besonderheiten des Traumagedächtnis zu verstehen. Wenn ein Kind sich an ein Trauma erinnert, dann erinnert es sich nicht an einen bestimmten Zeitpunkt oder eine bestimmte Situation, so wie man sich an den letzten Urlaub erinnert oder an die letzte Geburtstagsfeier. **Das Traumagedächtnis hat eine Besonderheit: Menschen, bei denen ein altes Trauma in der Gegenwart wieder lebendig wird, spüren dieses Trauma und seine Folgen so, als würden sie es jetzt in der Gegenwart erleben.** Wir sprechen von einem Zeitkollaps. Verschiedene Zeitebenen vermischen sich, sie kollabieren. Dann reicht es nicht zu sagen: »Es ist doch schon so lange her«, weil solche Worte dem Erleben des Kindes oder Jugendlichen nicht entsprechen. Für das Kind ist es so, als wäre es in diesem Moment existenziell bedroht.[12]

---

12 Baer, U. & Frick-Baer, G. (2016). *Flucht und Trauma – Wie wir traumatisierten Flüchtlingen wirksam helfen können.* Gütersloh: Gütersloher Verlagshaus.

Deswegen kann es zwar hilfreich sein, den Prozess der Retraumatisierung älteren Kindern und Jugendlichen zu erklären, damit sie sich selbst nicht für »verrückt« oder »krank« halten, sondern verstehen, was mit ihnen passiert. Vor allem aber hilft alles, was auf den vorigen Seiten schon als sinnvoller Umgang mit traumatisierten Kindern genannt wurde. Was für traumatisierte Kinder gilt, trifft auch für retraumatisierte Kinder zu: Sie brauchen Schutz und Geborgenheit; sie brauchen, dass sie nicht allein sind, sondern mit vertrauten Personen zusammen sind, die sie begleiten und mit ihnen Begegnungen suchen; sie brauchen eine Kräftigung des Selbstwertgefühls, Angstabbau, Stärkung und vieles andere mehr. Wenn dies von Eltern nicht allein zu leisten ist und auch nicht von Lehrenden, Erzieher:innen oder Sozialpädagog:innen, dann ist professionelle therapeutische Hilfe notwendig, um die Not zu wenden.

10.4 »Kreative Stärkungsgruppen« – Lücken im Hilfesystem schließen

Traumatisierte Kinder aus Kriegsgebieten brauchen, dass sie gesehen werden, und sie brauchen neue Erfahrungen der Wirksamkeit und Begegnung. Das können Eltern und Pflegeeltern, Erzieher:innen und Lehrer:innen und andere pädagogische Fachkräfte ihnen bieten, und darum sollten sie sich bemühen. Sie können allerdings nicht die Wunden der traumatisierenden Kriegserfahrungen therapeutisch aufarbeiten. Dazu braucht es traumatherapeutisch ausgebildete Fachkräfte. Psychotherapeut:innen haben allerdings zurzeit sehr lange Wartelisten. Das trifft insbesondere auf die Kinder- und Jugendlichentherapeut:innen zu, da sich die Zahl der Kinder und Jugendlichen, die Hilfe benötigen, durch die lange Covid-19-Pandemie vervielfacht hat. **Wenn ein traumatisiertes Kind ein Jahr oder länger auf Hilfe warten muss, ist das untragbar und kann für dieses Kind schwerwiegende Folgen haben.**

Oft ist es auch schwierig, in einer großen Klasse oder Kitagruppe in ausreichendem Maße auf die besonderen Bedürfnisse geflüchteter

Kinder einzugehen. Da es gleichzeitig zu wenig Therapieplätze gibt, klafft eine Lücke in dem, was wir den Kindern und Jugendlichen anbieten können. **Diese Lücke versuchen die »Kreativen Stärkungsgruppen für Kinder und Jugendliche« zu schließen.**

Stärkungsgruppen wurden als Fördergruppen an Schulen, als Wertschätzungsgruppen in der Altenhilfe im Rahmen eines Modellprojektes der Landesregierung NRW sowie als Kreative Stärkungsgruppen für hochbelastete und vor allem traumatisierte Erwachsene vom Institut für soziale Innovationen (ISI) entwickelt, erprobt und von der Uniklinik Essen evaluiert. Zurzeit werden Stärkungsgruppen zur Unterstützung hochbelasteter Mitarbeiter:innen des Gesundheitswesens mit Förderung des Innovationsfonds der deutschen Krankenkassen erprobt und erforscht.

Bei hochbelasteten Kindern und Jugendlichen werden Stärkungsgruppen vor allem für Kinder mit herausforderndem Verhalten sowie geflüchtete Kinder durchgeführt. Die Gruppen werden überwiegend an Schulen, zum Teil auch in Kitas und offenen Einrichtungen angeboten. Die teilnehmenden Kinder werden von den pädagogischen Fachkräften vorgeschlagen und angesprochen. Die Gruppengröße beträgt vier bis sechs Kinder. Jede Gruppe trifft sich 8 mal für 90 Minuten bis maximal 2 Stunden. Eine einmalige Wiederholung ist möglich. Die Gruppen werden in ungefähr homogenen Altersgruppen durchgeführt.

Stärkungskomponenten sind:

- Meinhaftigkeit (Selbstbewusstsein)
- Körpererleben: Sensomotorisches Basistraining (BT; kleinschrittiges Konzept, Körpererleben zu fördern)
- (Beziehungs-)Wirksamkeit
- Begegnung

Das Konzept enthält unterschiedliche modulare Einheiten, die variabel zusammengestellt und angepasst werden können, um den jeweiligen Bedürfnissen der Teilnehmenden sowie den vorliegenden Belastungsfeldern Rechnung zu tragen. Kreative Methoden werden eingesetzt, weil Worte allein oft nicht reichen und um spielerisch neue Erfahrungen zu ermöglichen.

Befragungen unter Lehrkräften über die Wirkung Kreativer Stärkungsgruppen für Kinder ergaben, dass bei allen Kindern Verbesserungen festgestellt wurden: Sie waren stabiler, selbstbewusster, offener und kommunikativer und konnten sich mehr an Aktivitäten in der Klasse oder Kitagruppe beteiligen.

Die Kreativen Stärkungsgruppen für Kinder und Jugendliche brauchen eine Leitung, die über besondere Kompetenzen verfügt, mit hochbelasteten Kindern stärkend und traumasensibel umzugehen und die Wirkkomponenten zielgerichtet und gleichzeitig flexibel einzusetzen.[13]

---

13 Nähere Informationen auf www.kinderwuerde-udo-baer.de und www.paedagogisches-institut-berlin.de.

Fragen zur Reflexion

- Welche traumatisierten oder retraumatisierten Kinder kennen Sie?
- Woran zeigt sich deren Traumatisierung?
- Was brauchen sie?
- Welche Anregungen wollen Sie aufgreifen?
- Welche Ideen zur Stärkung haben Sie?
- Wo in Ihrer Region, in Ihrem Netzwerk könnten Sie Unterstützung für besondere Stärkungsgruppen erhalten?

KAPITEL 11

»Egal, wo Du herkommst« – Kein Kind hat den Krieg befohlen

»Kein Kind hat einen Krieg befohlen!« Diesen Satz sollten wir Erwachsene oft wiederholen. Denn in Deutschland, Österreich und der Schweiz leben Kinder unterschiedlicher Kriegsparteien, aktuell (Mai 2022) vor allem ukrainische und russische Kinder. Aus manchen Schulen hört man, dass der Krieg in der Ukraine auf Schulhöfen fortgesetzt wird. Beschimpfungen russischer Kinder sind nicht selten, und ukrainische Kinder werden als »Nazis« abgewertet. Ähnlich war es während der Kriege nach dem Zerfall Jugoslawiens, als vor allem Kinder serbischer Herkunft unter Beschimpfungen leiden mussten.

Unsere Haltung als Erwachsene basiert auf der Tatsache: »Kein Kind hat einen Krieg befohlen!« Das berechtigt uns dazu, mit diesem Satz nationalen Konflikten unter Kindern entgegenzutreten, sie zu verbieten, eindeutig und konsequent. Wir verstecken uns nicht hinter einer scheinbar »neutralen« oder »sachlichen« Haltung, weil sie bedeuten würde, Entwürdigungen, Beschämungen und Erniedrigungen und verbale Gewalt zu tolerieren. Kindern Würde zu erweisen, beinhaltet, *alle* Kinder zu würdigen und jeder Entwürdigung entgegenzutreten. Dabei begegnen wir einigen Schwierigkeiten.

Die dritte Klasse einer Grundschule diskutiert über den russischen Angriffskrieg auf die Ukraine. Einige Schülerinnen und Schüler wollen etwas tun, um die Ukraine zu unterstützen. Am nächsten Tag schlägt die Lehrerin vor, dass alle Kinder eine ukrainische Fahne in Gelb und Blau malen. Ein russisches Kind, Igor, weigert sich und malt die russische Flagge. Am Tag davor hatte er noch offen und lebendig mitdiskutiert. Heute schweigt er und presst die Lippen zusammen.

Vermutlich hatte Igor seinen Eltern von den Gesprächen in der Klasse erzählt, und sie haben ihn ermahnt, die offizielle Position der russischen Regierung zu vertreten. Von diesem Jungen zu verlangen, die ukrainische Flagge zu malen, hieße, man würde von ihm erwarten, seine Eltern zu verraten.

Die Lehrerin sagt zu Igor: »Du darfst deine russische Fahne malen. Wir leben hier in einer Demokratie. Da darf jeder seine Meinung haben, auch verschiedene Meinungen. Und das ist richtig und wichtig!«

Das Recht auf unterschiedliche Meinungen in einer Demokratie ist in Schulen, Kitas und anderswo immer wieder zu betonen. Es ist ein Kernbestandteil unserer gesellschaftlichen Identität und kann dem Hass zwischen Kindern den Boden entziehen.

Hat Igor eher defensiv und mit etwas Trotz reagiert, so wird mir von Lehrer:innen auch von sehr aggressivem Verhalten berichtet.

Ein 13-jähriger Junge russischer Nationalität verbreitet in seiner Klasse und auf dem Schulhof aggressive Sprüche. Alle anderen außer ihm würden den »NATO-Lügnern« glauben und wollten Russland vernichten. Wenn er ein Gewehr hätte, würde er alle erschießen … Manche Lehrer:innen wissen nicht, was sie tun sollen. Einige versuchen zu argumentieren, prallen aber an der Wand ab, die die russische Regierungspropaganda mit der Behauptung errichtet hat, dass alle Fakten, die der Regierung widersprechen, Lügen seien. Einige Lehrer:innen resignieren angesichts der Macht der von Putins Wahrhaftigkeit überzeugten Eltern.

Mein Vorschlag ist: Lassen Sie niemanden beschimpfen, lassen Sie aber auch nicht zu, dass Sie oder andere beschimpft werden! Solche Aggressivität muss unterbunden werden, dagegen sollten alle gemeinsam und konsequent auftreten. Trotz der »Lügen«-Behauptungen sollten im Unterricht weiterhin Fakten über die Verantwortlichkeiten bezüglich des Kriegsausbruchs und über historische Zusammenhänge, soweit sie Thema der Auseinandersetzung sind, verbreitet werden *und*, wie schon erwähnt, muss Demokratie erklärt werden: Hier, in dieser Demokratie mit all ihren Fehlern und Unzulänglichkeiten, darf man unterschiedliche Meinungen, auch engagiert, überzeugt und deutlich, vertreten. Aber man darf nicht andersdenkende Menschen beschimpfen oder ihnen drohen – auch wenn viele von uns Erwachsenen nicht gerade Vorbilder für die Streitkultur der Kinder sind. Deshalb gilt die Notwendigkeit dieser Interventionen von uns Erziehenden und Begleitenden umso mehr.

Auch viele russische Kinder, deren Eltern *nicht* die Positionen der russischen Regierung verbreiten, müssen von Lehrer:innen, Erzieher:innen und allen anderen Erwachsenen vor Entwürdigungen beschützt werden. Das sind vor allem diejenigen, die in Opposition zur Regierung stehen, die vielleicht sogar deswegen geflüchtet oder ausgewandert sind, weil sie bedroht oder verfolgt wurden. Andere sind Putin-Gegner, die Angst haben, das zu äußern, auch in Deutschland oder Österreich. Sie haben leider Grund dazu, denn der russische Geheimdienst hat, wie bekannt, auch im Ausland oppositionelle Menschen aus Russland bedroht oder sogar ermorden lassen. Das macht Angst. Auch gibt es hierzulande harte Fans der russischen Regierung, die ausschließlich russische Propagandasender sehen und hören. Ihre Kinder kennen (zunächst) nur diese »Wahrheiten«, sie sind Teil der Familie, deren Meinung für sie ganz selbstverständlich zählt, der sie sich zu- und unterordnen und die sie gegenüber den anderen Kindern mehr oder weniger aggressiv »verteidigen«. Wieder andere russische Eltern sind bei russischen Firmen angestellt oder haben Verwandte und Freund:innen in Russland, die sie nicht gefährden wollen.

Manche russische Kinder müssen und mussten erleben, wie ihre

Eltern, wie ihre Familie von ihren Groß- und Urgroßeltern und anderen Verwandten verstoßen wurden, wenn sie Zweifel an der Rechtmäßigkeit des Angriffs auf die Ukraine äußerten. Eine überaus belastende und tragische Situation, die das Potential für familiäre Zerreißproben hat und mit ihrer zerstörerischen Kraft Kinderseelen nachhaltig verletzen kann.

Als erwachsene Begleiter:innen all dieser Kinder sollten wir um ihren Kummer und um ihre Belastung wissen. Er ist unabhängig von ihrer Nationalität und der Einstellung ihrer Eltern. Wir sollten ihrem oftmals viel zu schweren Rucksack, den sie mit sich tragen, Aufmerksamkeit schenken und uns, so gut wir es vermögen, um ihre Kinderseele parteilich kümmern.

Fragen zur Reflexion

- Kinder aus welchen Nationalitäten und Kulturen sind in Ihrer Kita-Gruppe, Schulklasse, Nachbarschaft?
- Welche unterschiedlichen Haltungen und Verhaltensweisen von Kindern verschiedener Kulturen sind Ihnen aufgefallen?
- Wie ist das Verhalten der Kinder untereinander?
- Was ist unterschiedlich, was ist ähnlich?
- Wie gehen die verschiedenen Kinder mit dem Thema Krieg um?
- Welche Anregungen wollen Sie aufgreifen?

KAPITEL 12

»Gegen Ohnmacht hilft machen« – Wenn Reden nicht reicht

Ich habe in den bisherigen Kapiteln versucht, Sie zu ermutigen, mit Kindern und Jugendlichen über Krieg und Kriegsfolgen zu reden. Doch manchmal habe ich schon darauf hingewiesen, dass Reden allein nicht reicht. Das hat verschiedene Gründe.

Der erste Grund besteht dahin, dass Kriege und Kriegsfolgen in den Kindern und Jugendlichen Hilfslosigkeit und Ohnmachtsgefühle hervorrufen. Solche Gefühle sind nur schwer auszuhalten, machen klein, können lähmen, den Kindern Lebensfreude und auch Lernfähigkeit nehmen. Wie schon erwähnt: Das Gegenteil von Ohnmacht ist zwar zunächst Macht – die Macht, den Krieg zu beenden, haben wir und die Kinder aber nicht. Unser Gegenteil von Ohnmacht ist *machen*. **Deswegen ist es gut, wenn Sie Kinder und Jugendliche darin unterstützen, über das Reden hinaus Wege des praktischen Handelns zu finden, indem sie wiederum z. B. Kriegsopfer unterstützen und so auf ihre Art zum Frieden beitragen.**

Der zweite Grund, warum wir mehr tun sollten als reden, besteht in den Erfahrungen von Wirkungslosigkeit oder Unwirksamkeit. Dass wir Menschen wirksam sind, darüber denken wir in der Regel nicht nach. Wir haben Wirkungen, indem wir etwas verändern, indem wir beispielsweise aus Mehl und Butter und Obst einen Kuchen backen. Wir haben Wirkungen, indem wir bei anderen Menschen eine Reaktion hervorrufen, zum Beispiel Mitgefühl, Ärger, Trauer, Interesse, Freude usw. So können wir die eine oder andere Veränderung bewirken. Wirksam zu sein bedeutet nicht, dass alles, was ich anpacke, gelingt, oder dass die anderen machen, was ich will. Aber es bedeutet, dass ich mit meinen Impulsen nicht ins Leere gehe mit dem, was ich bewirken möchte, sondern dass es ernst genommen wird und dass sich andere damit auseinandersetzen.

Die Erfahrungen der Kinder im Krieg sind Erfahrungen der Unwirksamkeit, der Wirkungslosigkeit. Kinder wollen nicht die Heimat verlassen, aber dieser Wunsch lässt sich für sie nicht verwirklichen. Kinder wollen nicht beschossen werden oder Hunger leiden, aber dieses Wünschen ist wirkungslos, und die Kinder erleben sich als unwirksam. Die anderen, die mächtiger sind als sie, treiben sie in die Unwirksamkeit und bestimmen über ihr Leben. In ihnen entsteht in und nach solchen Situationen das Gefühl der Unwirksamkeit, es kann sich in ihnen einnisten und festfressen. Wer über einen längeren Zeitraum das Gefühl der Unwirksamkeit in sich trägt, der kann depressiv werden oder versuchen, seine eigene Wirksamkeit durch aggressives Handeln zu erzwingen. Deswegen ist es gut, wenn Kinder wirksam sein können, auch angesichts ihrer Ohnmacht gegenüber einem Krieg und den Menschen, die den Krieg hervorrufen und vorantreiben.

Beide Gründe sprechen dafür, das Gefühl und den kindlichen Willen zur Solidarität zu nutzen und mit Kindern und Jugendlichen Aktionen zu unternehmen beziehungsweise deren Aktionsideen zu unterstützen. Reden ist wichtig und wunderbar, über das Reden hinaus zu handeln, ist eine wesentliche Ergänzung.

Lesen Sie im Folgenden einige Beispiele, wie Aktionen von Kindern und Jugendlichen aussehen können, um Solidarität mit den Opfern eines Krieges zu zeigen:

> Die Schüler:innen einer Schulklasse sammeln Geld, und ihr Lehrer überweist es auf ein Spendenkonto für Opfer des Krieges.
>
> Die Kinder einer Kita wollten zunächst Spielzeug und Kleidung an geflüchtete Kinder spenden. Doch als sie so weit sind, hören sie, dass es dort schon viele materielle Spenden gibt und dass vor allen Dingen Geld gebraucht wird, um das zu besorgen, was die

Kinder am nötigsten haben. Also veranstalten sie einen Basar, laden die Eltern ein und andere Menschen aus der Gegend, um ihre gesammelten Sachen zu verkaufen und das Geld zu spenden.

Die Kinder einer Schulklasse malen Bilder gegen den Krieg und hängen sie als »Antikriegs-Museum« an eine Wand im Foyer der Schule.

Eine Lehrerin kopiert die Umrisse einer Friedenstaube, und jedes Kind malt sie in unterschiedlichen Farben und mit unterschiedlichen Symbolen und Bildern aus. Die Friedenstauben werden an den Zaun der Schule gehängt.

Einige Eltern einer Straße gestalten in einer Gemeinschaftsaktion jeweils aus alten Bettlaken mit ihren Kindern Friedensfahnen. Sie werden bemalt und dann an den Häusern und Wohnungen und Balkonen aufgehängt.

Eine Kita-Gruppe malt Fensterbilder für den Frieden, die an den Fenstern ihres Gruppenraumes angebracht werden.

Eine ganze Schule führt eine Friedensbaum-Aktion durch. Sie fertigen mehrere Fahnen an, die jeweils von Gruppen von Kindern bemalt, teilweise sogar bestickt und benäht werden. Die Fahnen werden an einen Baum im Schulhof gehängt. Vom Baum aus werden zusätzlich Schnüre zum Schulgebäude gespannt, an denen auch Fahnen aufgehängt werden. Die Presse wird eingeladen. Ein Artikel erscheint in der Zeitung, und die Fotos werden im Internet veröffentlicht.

Eine Schule sendet eine Delegation mit einer Lehrerin und fünf Schülerinnen und Schülern zu einem Aufnahmeheim für Geflüchtete. Sie vereinbaren mit den Bewohner:innen, dort ein Willkommensfest durchzuführen. Das Wort »Willkommen« gefällt nicht allen Geflüchteten. Sie drücken aus, dass sie sich zwar freuen, willkommen zu sein, aber gar nicht lange in Deutschland bleiben wollen. Ihr Wunsch sei, möglichst schnell in ihre Heimat zurückzukehren, auch wenn dafür erstmal kaum oder nur wenig Hoffnung bestehe. Also beschließt man gemeinsam, es »Friedensfest« zu nennen. An einem Samstag spielt eine Schülerband Musik: deutsche und ukrainische Musik, und auch englische Pop-Songs. Es gibt Kuchen und typische Gerichte der verschiedenen Nationalitäten, Malaktionen und Gesprächsgelegenheiten, Getränke und am Ende sogar einen gemeinsamen Tanz, »mit Spaß an der Freude« und ohne Anspruch auf Perfektion choreografiert von einer russischsprachigen ukrainischen Schülerin der oberen Klassenstufe.

Fragen zur Reflexion

- Haben Sie bislang eine Aktivität gemeinsam mit Kindern unternommen? Wenn ja, welche? Wenn nein, hätten sie Lust, das zu ändern?
- Welche Ideen haben Sie? Was können Sie in Ihrer Familie tun?
- Was in Kita oder Schule?
- Wen wollen Sie ansprechen?
- Welche Erfahrungen haben Sie damit gemacht, dass sich Kinder wirksam bzw. unwirksam fühlen?
- Welche Anregungen wollen Sie aufgreifen?

KAPITEL 13

»Würdigen, was ist« – Wie wir trösten können

Kinder, die durch Kriegserfahrungen, Kriegsbilder und Kriegserzählungen in Not geraten, brauchen Trost. Viele Erwachsene wissen instinktiv und auf Grund eigener Erfahrungen, wie trösten gelingen kann. Doch es gibt auch viele Erwachsene, die in ihrer Kindheit nicht getröstet worden sind oder nur ungenügende Erfahrungen gemacht haben, getröstet zu werden. Für sie möchte ich einige Tipps und Hinweise geben.

Was nicht tröstet und was nicht hilft, sind Sätze wie: »Alles wird wieder gut«. Es wird *nicht* alles gut. Das wissen und das spüren Kinder. Es gibt Verletzungen, die Narben hervorrufen. Es gibt Verluste, die nicht zu ersetzen sind. Deswegen sollte der Satz, dass alles wieder gut wird, möglichst nicht benutzt werden. Richtiger ist es, zunächst einmal den Kindern und Jugendlichen zu sagen: »Ja, es ist schlimm!« Dann kann das große *Und* weiterhelfen: »… *und* wir werden alles tun, damit der Kummer nachlässt, damit die Verletzungen heilen können«.

Ein zweiter Aspekt, der nicht tröstet, sondern das Trösten sogar verhindert, ist jede Form von Druck. Äußerungen wie: »Reiß dich zusammen und schau nach vorne«, stehen jedem Trost entgegen. Nach vorne zu schauen, ist zwar hilfreich, doch zunächst müssen die Gegenwart und die Vergangenheit gewürdigt werden. Diese Zwischenschritte zu überspringen, hilft nicht, denn Druck hilft nicht. Das gute Motto beim Trösten lautet: »Würdigen, was ist«. Wir sollten die Verletzungen und den Kummer würdigen *und* den Blick nach vorne in die Zukunft wagen. Beides. Kein »Entweder-Oder«.

Wenn ein Kind vor dem Krieg große Angst hat oder wenn es traurig ist über die Verletzungen, die anderen zugefügt worden sind, dann ist es gut und wichtig zu trösten und möglichst viel Sicherheit zu geben. Doch dem Kind gegenüber zu äußern, dass es jetzt doch »reicht«, ist alles andere als tröstend und hilfreich. Es gibt kein »richtiges Maß« des Kummers, des Schmerzes, des Trauerns, der Angst und des Schreckens. Jedes Kind, jeder Jugendliche, auch jeder Erwachsene hat sein eigenes Maß, und das ist nicht vergleichbar.

Entscheidend beim Trösten ist, dass die Menschen, die Trost brauchen, nicht allein sind und sich nicht allein fühlen. Wenn wir uns um ein Kind kümmern oder wenn wir nach seinen Schwierigkeiten fragen, wenn wir uns sorgen und wenn wir mit dem Kind reden – dazu gibt es in diesem Buch viele Anstöße und Anregungen –, dann ist das schon Trost. Wir Erwachsene müssen das Leid der Kinder und deren Not oder Verunsicherung wahrnehmen und auch ernst nehmen. Wer die manchmal nur sehr zarte und stille Stimme des Kummers überhört oder übertönt, kann nicht trösten.

Gesehen und gehört zu werden, ist schon ein Teil des Trostes und des Tröstens. Wer sich gesehen und gehört fühlt, fühlt sich nicht mehr so allein. Über das Sehen und Hören hinaus ist das Halten und Gehalten-Werden ein wesentliches Element des Tröstens. Das Halten kann im übertragenen Sinne gemeint sein, indem wir Kindern Halt geben. Es kann aber auch buchstäblich darin bestehen, ein Kind oder eine Jugendliche in den Arm zu nehmen und damit Unterstützung und Stütze anzubieten. Die Nöte der Kriege erniedrigen, und das Halten hilft, stehen zu bleiben und sich wieder aufzurichten.

Wenn wir trösten, ist es nützlich, zu unterscheiden zwischen dem, woran wir etwas ändern können, und dem, worin wir hinsichtlich jeder Veränderung hilflos sind. Wir können die Kriege nicht abschaffen, auch wenn wir dafür eintreten. Wir können nicht verhindern, dass Millionen von Menschen vor Krieg und Unterdrückung fliehen und ihre Heimat verlassen müssen. Aber wir können diese Menschen unterstützen, so gut es uns jeweils möglich ist. Zu akzeptieren, dass wir manches nicht verändern können, heißt nicht, dass der Veränderungswunsch und der Veränderungswille aufgegeben werden sollen. Nein, es gilt, weiterhin dafür einzutreten. Wir sollten das auch den Kindern gegenüber äußern und sie mit einbeziehen. Doch konkret handeln können wir da, wo wir Handlungsspielraum haben, wo wir etwas tun und verändern können. Darauf sollte die Kraft in erster Linie gerichtet werden.

Trösten umfasst auch das Gestalten von Trost-Symbolen. Auch ein Mensch, der nicht gläubig ist, kann Trost finden, wenn er einen Schutzengel geschenkt bekommt. Kinder lieben und vertrauen in der Regel ihrer Vorstellung von Schutzengeln, die sie behüten. Trösten ist vor allem ein aktiver Beziehungsprozess zwischen zwei oder mehreren Menschen. Nicht als Ersatz, aber als Ausdruck dieser Beziehung können Symbole des Tröstens eine wichtige Rolle spielen. Hilfreich sind vor allem Trost-Symbole, die Sie selbst aktiv für das kummervolle Kind gestalten oder bei deren Gestaltung Sie andere, Erwachsene und Kinder, anregen.

> Bemalen Sie eine Postkarte und schenken Sie sie einem Kind, das Trost braucht.
>
> Bemalen Sie einen Stein und verschenken Sie ihn als Trost-Stein.
>
> Sammeln Sie ein Stück Rinde oder Holz im Wald oder am Wegesrand und gestalten Sie dieses mit einem Messer, mit Farben, mit Fäden oder Blumen, Gräsern oder Sonstigem und verschenken Sie das Objekt als Trost-Gabe.

Gerade Kindern fallen viele Möglichkeiten ein, Trost-Symbole zu schaffen, die ein Symbol der Verbindung zwischen der tröstenden und der getrösteten Person werden können.

Um trösten zu können, müssen wir keine Seminare besuchen. Wir Menschen sind in aller Regel kompetent zu trösten, und wir haben Erfahrungen als Kinder, als Jugendliche, auch als erwachsene Menschen gemacht, zu trösten und getröstet zu werden. Um diese Erfahrungen des Tröstens und des Trostes zu mobilisieren und nutzen zu können, stellen Sie sich bitte zwei Fragen.

Die erste Frage lautet: »Wie bin ich früher getröstet worden?«
Ihre Antwort wird einzigartig sein, denn die Antworten sind so vielfältig wie die Menschen, die sie geben.

> »Meine Mutter hat mir immer ›Heile heile Gänschen‹ vorgesungen.«

> »Ich durfte mich ganz fest einkuscheln und wurde in den Arm genommen.«

> »Als ich zum ersten Mal eine Fünf in der Schule geschrieben hatte, ging mein Vater mit mir ein Eis essen. Das hat getröstet.«

> »Als mein Meerschweinchen starb, haben wir ein Bild von ihm gemalt und auf die Kommode gestellt. Und wir haben das Meerschweinchen beerdigt und dabei Lieder gesungen.«

Wenn Sie in Ihrer Kindheit Trost erfahren haben und die Quelle Ihrer Erfahrungen, wie Sie getröstet worden sind, anzapfen, gewinnen Sie einen großen Schatz an Erfahrungen, die Sie weitergeben können.

Die zweite Frage lautet: »Wie wäre ich gerne getröstet worden?«
Manche Menschen sind gar nicht, nicht richtig oder nicht genug getröstet worden. Sie haben gelitten, aber keinen Trost erfahren. Doch die Sehnsucht getröstet zu werden, ist bei den meisten Menschen, vor allem bei Kindern, immer vorhanden. Bei manchen stirbt sie irgendwann und verwandelt sich in Resignation, doch bei den meisten ist sie sehr langlebig und kann wieder bewusst gemacht werden. »Wie wäre ich gerne getröstet worden?« Auch hier sind die Antworten sehr vielfältig. Gehen Sie dieser Frage nach und nehmen Sie alles ernst, was Ihnen einfällt.

Wenn Kinder oder Jugendliche durch Eindrücke von Kriegen in Not sind, dann trösten Sie sie. Trösten Sie sie so, wie Sie es erfahren haben oder wie Sie es gerne gehabt hätten, und folgen Sie dabei auch

Ihren spontanen Impulsen. Es gibt für das Trösten keine vorgegebenen Regeln oder Rangordnungen, es gibt nicht *den* Trost oder *die* Art des Tröstens, sondern sehr unterschiedliche Formen, wie Menschen trösten können oder getröstet werden wollen. Sie können sich Trost-Geschichten erzählen oder Schokolade essen. Musik oder bestimmte Filme und Bücher können trösten und alles, was mit Wärme zu tun hat. Wärme kann eine Decke spenden und ebenso wärmende Berührungen. Auch Geschenke, wenn sie von Herzen kommen, können trösten, ebenso wie eine Tasse Tee oder ein Schmalzbrot.

Entscheidend für die Wirksamkeit des Tröstens ist die Beziehung zwischen dem leidenden Menschen und dem Menschen, der Trost spendet. Nicht der Kartenständer mit Trost-Karten tröstet, sondern der Mensch, der eine Karte auswählt, beschriftet und verschenkt.

Trost ist eine Antwort auf Not. Um die Not zu wenden, ist Trost not-wendig. Trösten ist not-wendend. Das Wort Trost entstammt dem Mittelhochdeutschen und bedeutet Festigkeit, vor allem innere Festigkeit. Wer leidet, braucht innere Festigkeit von anderen Menschen. Kinder brauchen uns Erwachsene, um getröstet zu werden.

Fragen zur Reflexion

- Welche Wege des Tröstens nutzen Sie?
- Wie sind Sie getröstet worden?
- Wie wären Sie gern getröstet worden?
- Was ist Ihr liebster Trostsatz?
- Wie trösten Sie am liebsten ohne Worte?
- Wer tröstet Wie? Wie?
- Welche Anregungen wollen Sie aufgreifen?

KAPITEL 14

»Manches bleibt unerklärlich« – Das Unfassbare und die Hoffnung

Ich möchte Sie mit diesem Buch ermutigen, die Gefühle und Gedanken der Kinder zu Kriegen und deren Folgen ernst zu nehmen und darauf einzugehen. Dabei sollten Sie noch zwei Aspekte wissen und bedenken:

Erstens behandeln Gespräche über Krieg immer ein schwieriges Thema. Sie können sich nur an das Thema herantasten und sich ernsthaft bemühen. Das reicht. Versuchen Sie nicht, perfekt zu sein. Sie werden, wie ich auch, Fehler machen und manchmal etwas sagen, was Sie im Nachhinein lieber nicht gesagt hätten. Oder Sie werden auf die eine oder andere Frage keine Antwort wissen. Das ist normal. Für Kinder und Jugendliche ist nicht die perfekte Beantwortung einer Frage wichtig, sondern dass Sie mit ihnen auf Augenhöhe gehen, Dass Sie sie ernst nehmen und sich um sie bemühen.

Zweitens enthalten Kriege immer auch Unfassbares, etwas, wo Worte nicht reichen. **Wir Erwachsene können Kindern nicht alles erklären. Manches, was Menschen anderen antun, bleibt unerklärlich und nicht nachvollziehbar.** Diesem Unaussprechbaren und Unfassbaren gegenüber ist ein Gefühl der Demut angemessen. Das sollten Sie und wir alle wissen. Grauen entzieht sich dem Gespräch und dem Verstehen. Das müssen wir leider akzeptieren.

Und wir sollten zuversichtlich sein. *Und* wir sollten Hoffnung verbreiten. *Und* wir sollten für Frieden und die Würdigung der Menschen eintreten. Gegenüber Erwachsenen und gemeinsam mit den Kindern. Es lohnt sich.

KAPITEL 15

Materialien und Hinweise

Achtung: Für externe Links wird keine Haftung übernommen. Dies ist der Stand Mai 2022. Empfehlenswerte Hinweise oder kritische Anmerkungen nehme ich gerne entgegen:
u.baer@kinderwuerde-udo-baer.de.

Mehr zum Thema von Udo Baer

www.kinderwuerde-udo-baer.de
Wöchentlich neue Informationen rund um die Kinderwürde, auch zu Themen wie Traumata, herausforderndes Verhalten, Krieg und viele Antworten auf Fragen von Eltern und Fachkräften.

www.baer-frick-baer.de
Veranstaltungen und Angebote von Dr. Udo Baer und Dr. Gabriele Frick-Baer.

www.paedagogisches-institut-berlin.de
Wer den Kinderwürde-Newsletter abonniert, erhält alle drei Wochen eine kostenlose Lieferung eines Kapitels des neuen Buches von Udo Baer über kreative Therapie mit Kindern und Jugendlichen.

Bücher für Erwachsene

Bode, S. (2004/2021). *Die vergessene Generation. Kriegskinder brechen ihr Schweigen.* Stuttgart: Klett-Cotta.

Bode, S. (2009/2021). *Kriegsenkel. Die Erben der vergessenen Generation.* Stuttgart: Klett-Cotta.

Baer, U., Frick-Baer, G. (2008/2021) *Wie Kinder fühlen.* Weinheim: Beltz.

Baer, U., Frick-Baer, G. (2009/2022) *Das große Buch der Gefühle.* Weinheim: Beltz.

Baer, U. (2018). *Die Weisheit der Kinder. Wie sie denken, fühlen und sich mitteilen.* Stuttgart: Klett-Cotta.

Baer, U. (2018). *Traumatisierte Kinder sensibel begleiten. Basiswissen und Praxisideen.* Weinheim: Nicolo/Beltz.

Baer, U. (2019). *Was hochbelastete Kinder brauchen. Praxishandbuch für Begleitung und Betreuung.* Stuttgart: Klett-Cotta.

Baer, U., Frick-Baer, G. (2016). *Flucht und Trauma – Wie wir traumatisierten Flüchtlingen wirksam helfen können.* Gütersloh: Gütersloher Verlagshaus.

Frick-Baer, G. (2013). *Trauma – Am schlimmsten ist das Alleinsein danach.* Berlin: Semnos.

Frick-Baer, G. (2008). *Kreative Traumatherapie. Aufrichten in Würde.* Berlin: Semnos.

Hopf, H. (2019). *Jungen verstehen.* Stuttgart: Klett-Cotta.

Materialien zum Thema Krieg und Frieden

- Reflexions- und Gesprächskarten zum Thema Streit, Konflikte, Krieg und Frieden: Gespräche mit Kindern und Jugendlichen von doodleteacher auf eduki: https://eduki.com/de/material/551947/krieg-konflikte-und-frieden---reflexions--und-gespraechskarten-ukraine-russland
- Für Schulstufe 4 bis 6: Russland-Ukraine-Krieg – Stundenentwurf von Unterrichtmitspass auf eduki: https://eduki.com/de/material/550240/russland-ukraine-krieg-stundenentwurf-4-6-schulstufe
- Weitere Materialien gibt es unter dem Hashtag #standwithukraine auf eduki: https://eduki.com/de/unterrichtsmaterial-krieg-ukraine

- Für Grundschule bis Oberstufe/Berufsschule: Padlet-Sammlung vom Landesinstitut Hamburg: https://li-hh.padlet.org/lif14/plj7h01taa6qcqlc
- Für Kita: Thema »Krieg und Frieden – die täglichen Nachrichten« von eDidact (Vorschau): www.edidact.de/downloadable/download/sample/sample_id/1051/
- Für Kita und Grundschule: Frieden und Friedenserziehung (Religionspädagogik) von RPI-Virtuell: https://material.rpi-virtuell.de/themenseite/frieden-und-friedenserziehung
- Für Klasse 1–4: Unterrichtsmaterialien zum Thema Frieden von »Gemeinsam für Afrika«: www.gemeinsam-fuer-afrika.de/wp-content/uploads/2016/04/UM-GS_Frieden-Jedes-Leben-zaehlt.pdf
- Für Klasse 2–3: Frieden-Suchsel auf eduki: https://eduki.com/de/material/555210/frieden-fuer-die-ukraine-und-den-rest-der-welt-suchsel-kostenlos-ethik-religion-deutsch
- Frieden To-Go. Abreißzettel für Schule, Stadt & zu Hause von doodleteacher auf eduki: https://eduki.com/de/material/554753/frieden-to-go-abreisszettel---mutmacher-schule-stadt-zu-hause
- Unterrichtsmaterial, Arbeitsblätter und mehr auf https://www.lpb-bw.de/ukrainekonflikt: www.lpb-bw.de/ukrainekonflikt
- Filme und mehr bei WDR – Die Seite mit der Maus: www.wdrmaus.de/extras/mausthemen/ukraine/index.php5

Bücher für Kinder

- *Wie ist es, wenn es Krieg gibt: Alles über Konflikte:* von Louise Spilsbury. Stuttgart: Thienemann (ab 5 Jahre)
- *Es ist Platz für alle:* von Anahita Teymorian. Heidelberg: Carl Auer (ab 4 Jahre)
- *Wie ist es, wenn man kein Zuhause hat?* von Ceri Roberts. Stuttgart: Thienemann (ab 5 Jahre)
- *Der Junge aus der letzten Reihe:* von Onjali Q. Raúf. Zürich: Atrium (8–10 Jahre)

- *Ich bin ein Kind und ich habe Rechte:* von Alain Serres. Zürich: Nord-Süd-Verlag (4–6 Jahre)
- *Akim rennt:* von Claude K. Dubois. Frankfurt a. M.: Moritz Verlag (6–8 Jahre)
- *Die Konferenz der Tiere:* Erich Kästner, Walter Trier. Zürich: Atrium (8–10 Jahre)
- *König Lichterloh: Märchen und Geschichten von Krieg und Frieden, Streit und Vergebung, Zorn und Zärtlichkeit:* von Frau Wolle. Innsbruck: Tyrolia (ab 4 Jahre)
- *Konrad, der Konfliktlöser – Clever streiten und versöhnen:* von Sigrun Eder und Daniela Molzbichler. Salzburg: Edition Riedenburg (8–12 Jahre)
- *Frieden:* von Estelí Meza, Baptiste Paul und Miranda Paul. Zürich: Nord-Süd-Verlag (ab 4 Jahren)
- *Gemeinsam für den Frieden. Was wir tun können:* von Claude Faber. Ravensburg: Ravensburger (ab 9 Jahre)
- *Irgendein Berg:* von Fran Pintadera. Wuppertal: Peter Hammer Verlag (Vorschulalter)
- *Sechs Männer:* von David McKee. Zürich: Nord-Süd Verlag (Vorschulalter)
- *Wie ist es, wenn man kein Zuhause hat? Alles über Flucht und Migration:* von Ceri Roberts, Hanane Kai und Jonas Bedford-Strohm. Stuttgart: Gabriel (Vorschulalter)
- *Das Krokodil sucht eine neue Heimat:* von Yoeri Slegers. Heidelberg: Carl-Auer-Verlag (Vorschulalter)
- *Die Flucht:* von Francesca Sanna, übersetzt von Thomas Bodmer. Zürich: NordSüd Verlag (Vorschulalter)
- *Wie ist es, wenn es Krieg gibt? Alles über Konflikte:* von Louise Spilsbury, Hanane Kai und Jonas Bedford-Strohm. Stuttgart: Gabriel (Grundschulalter)
- *Stell dir vor, es ist Krieg und keiner geht hin. 15 wahre Geschichten gegen Krieg, Gewalt und Machtmissbrauch:* von Heather Camlot und Serge Bloch. Hamburg: Oetinger (Grundschulalter)
- *Akim rennt:* von Claude Dubois. Frankfurt a. M.: Moritz Verlag (Grundschulalter)

- *Bestimmt wird alles gut:* von Kirsten Boie und Jan Birck. Stuttgart: Klett Kinderbuch (Grundschulalter)
- *Am Tag, als Saída zu uns kam:* von Susana Gómez Redondo und Sonja Wimmer. Wuppertal: Peter-Hammer-Verlag (Grundschulalter)
- *Krieg. Stell dir vor, er wäre hier:* von Janne Teller. München: Hanser (Jugendalter)
- *Abzählen:* von Tamta Melaschwili. Zürich: Unionsverlag (Jugendalter)
- *Heul doch nicht, du lebst ja noch:* von Kirsten Boie. Hamburg: Oetinger (Jugendalter)
- *Der Pfad. Die Geschichte einer Flucht in die Freiheit:* von Rüdiger Bertram. Kaarst: cbt (Jugendalter)
- *Illegal. Die Geschichte einer Flucht:* Graphic Novel von Eoin Colfer, Andrew Donkin und Giovanni Rigano. Reinbek: Rowohlt (Jugendalter)

Friedenstaube basteln

Vorlage 1, PDF von jimcontent: https://s9961ac27b5927abf.jimcontent.com/download/version/1590751306/module/7717044781/name/Basteln%20einer%20Taube.pdf

Vorlage Friedenstaube, Fensterbild von Grundschulwelt_by_frau_zett: https://padlet.com/frauzu/woaovdpjvovnupar/wish/2067507298

Kindernachrichten

- Gute Zusammenfassung auf [!]SchauHin: www.schau-hin.info/grundlagen/kindgerechte-nachrichten
- Mehr Hintergründe zu Kindernachrichten auf »Nachrichten für Kinder«, PDF Handreichung: www.nachrichten-fuer-kinder.de/wp-content/uploads/2021/01/200112_interaktiv_handreichung_neu.pdf

- Logo! Kindernachrichten von ARD: www.zdf.de/kinder/logo
- 9 ½ Kindernachrichten von WDR: https://kinder.wdr.de/tv/neuneinhalb
- Bärenblatt: www.baeren-blatt.de
- Initiative »Frieden Fragen«: www.frieden-fragen.de
- Weitere Linksammlung zu Medienangeboten für Kinder in Deutschland bietet dieser Überblick von »Nachrichten für Kinder«: www.nachrichten-fuer-kinder.de/kindermedienangebote

Musik und Lieder

- Hand in Hand – 20 Mutmachlieder für starke Kinder. Das Liederbuch. von S. Janetzko. Verlag Stephen Janetzko (3–18 Jahre)
- Spotify Playlist von SUPERHELDENKIDS: https://open.spotify.com/playlist/3hkJKigokoerfo5Opg8LKP (0–12 Jahre)
- Spotify Playlist von SUPERHELDENKIDS: https://open.spotify.com/playlist/3SoDG64LuVZGo1pM5prvCN (ab 10 Jahre)

Weitere Infos und Kursangebote

- QiK (Qualität in Kitas) bietet Kurse mit Dr. Udo Baer für Kitas hier: https://qualitaet-kita.de/produkt-kategorie/kurs-art/webinar/
- Interview mit Dr. Kathrin Mikan (SUPERHELDENKIDS), Dr. Udo Baer, Theresa Lill (QiK) und Marion Leopold (QiK) sowie Fortbildungsangebot zum Thema »Mit Kindern über Krieg sprechen« und weitere Materialien: https://qualitaet-kita.de/krieg-und-frieden-in-der-kita
- Dr. Udo Baer und Kolleg:innen bieten Seminare vor allem zur Begleitung traumatisierter Kinder und Kreative Therapie mit Kindern und Jugendlichen über die Zukunftswerkstatt *therapie kreativ* an: www.zukunftswerkstatt-tk.de/termine_buchung_online